KB105355

금융 교육
부자 교육

우리 아이
부자의 싹

이성준 (재정 컨설턴트) 지음

잇북
it BOOK

부자의 싹을 틔우는 금융 교육

자녀를 키우다 보면 아이가 성장하는 데 따라 부모의 고민은 달라지게 되나 보다. 나는 중1 큰놈의 학업 성적을 어떻게 하면 올릴 수 있을까 하는 생각에 늘 매달려 있다.

학원에는 한 번도 다녀본 적이 없는 녀석에게 어떻게 하면 동기를 부여하여 스스로 공부를 더 하게 할 수 없는지, 학원에 다니는 아이들보다 더 나은 학업 성적을 올리게 할 수는 없는지에 나의 모든 신경이 쏠려 있다.

친구는 딸아이가 중학교 2학년이다. 그 친구는 나와 고민의 영역이 달랐다. 전교 1등을 도맡아 하는 딸에게 진학 및 진로 상담을 해주어야 하는데 그것이 쉽지 않다는 것이다.

어떤 직업을 추천해야 아이가 평생 만족스러운 삶을 살 수 있을까? 스스로도 만족하지 못하는 직장 생활인데 딸아이에겐 무엇이 적당할까? 아이의 장래희망과 배치되는 현실적 상황을 어떻게 이해시켜야 될까? 친구도 머리가 꽤 복잡한 것 같다.

아이들이 고등학교에 진학하면 이러한 생각은 더욱 치열해진다. 불과 3년 후면 사회에 진출하거나 대학에 진학해야 하는 자녀를 보며 부모는 모을 수 있는 정보를 총동원하여 자녀가 미래를 결정하는 데 어떻게든 도움이 되고자 할 것이다.

그나마 시간적인 여유가 조금이라도 더 있는 중학생 자녀를 둔 부모는 나름대로 장밋빛 미래를 그려볼 수 있어서 상대적으로 낫다. 하지만 고등학생 자녀를 둔 부모는 당장 코앞에 닥친 대학 진학과 사회 진출이라는, 자녀의 평생을 좌우할 수 있는 문제를 어떻게 해결해야 할지 몰라 우왕좌왕하기 쉽다.

모든 것을 혼자 다 알아서 처리하던 우리 때와는 너무나 다른 환경이지만 마치 태어날 때부터 정해져 있던 것처럼 요즘의 학부모들은 자녀를 위해 동분서주하는 삶을 살고 있다.

그런데 가만히 생각해보니 대한민국의 부모는 저마다 고민거리만 다를 뿐 결국은 자녀들이 공부를 잘해서 좋은 직장을 얻어 경제적으로 안정된 삶을 살 수 있도록 만들어주는 것이 공통된 목적이 아닐까 싶다. 그렇지 않은가? 다시 말해서 이것이 부모라면 갖게 되는 모든 고민의 궁극점에 있다는 것이다. 자녀를 성공하게 하는 것, 부자가 되게 하는 것 말이다.

그러나 부자가 되는 방법에 대해서는, 적어도 나는, 아이와 구체적으로 이야기를 나누어본 적이 없다. 공부가 최선이라고만 했지, 공부의 진정한 목적인 성공과 부에 대해서는 아이에게 말해본 적이 없다. 나만 그런 것일까? "그저 공부만 열심히 해!" 이것이 전부였다.

여기서 의문이 생긴다. 과연 공부만 열심히 하면 경제적인 어려움 없이 우리 아이들이 잘살 수 있을까? 헬리콥터족이나 캥거루족의 새끼 캥거루처럼 살아온 우리 자녀들이 공부만 잘하면 정말로 다 사회에서 말하는 성공을 거머쥘 수 있을까? 고개가 갸웃거려질 수밖에 없다.

오랜만에 동창회에 갔는데 국내 유수의 대학을 나오고도 어렵게 살고 있는 친구와 공부와 담을 쌓고 살던 친구가 어엿한 사장님이 되어 나타난 것을 보고 어떻게 받아들여야 할까? 나는 과연 우리 아이에게 어떤 모델을 추천해야 할까? 물론 공부도 잘하고 부자도 된다면 더 바랄 것이 없겠지만 공부만 잘하고 사회적인 패자가 된다면 어떡할 것인가?

역시 자녀 교육은 어렵다.

그러다 어느 날 문득 답이 떠올랐다. 경제관념에 대해서는 철저하기로 유명한 유태인의 자녀 교육 뭐 이런 것을 굳이 떠올리지 않더라도 돈에 관한 교육만은 따로 시간을 마련해서 반드시 해야겠다는 것이다. 부자가 되기 위해서는, 성공하기 위해서는 기본적으로 필요한 것이 돈에 대한 개념일 테니, 경제에 관한 지식일 테니…….

좋은 성적을 올리기 위해 공부하듯이 부자가 되기 위해서도 공부를 해야 하는 것은 당연하지 않을까?

이 책은 이러한 문제의식에서 출발했다. 자녀가 부자가 될 수 있도록, 자녀가 성공할 수 있도록 자녀에게 금융 교육도 시키자는 것이다.

그러나 금융 교육 하면 아이는 물론 부모마저 어렵다는 생각부터 하기 십상이다. 불쑥불쑥 튀어나오는 생소한 경제용어, 복잡한 수학적 계산법, 듣고만 있어도 갑갑해지는 금융 관련 각종 설명회 등을 마주하고 나면 머리부터 지끈거린다.

그런 사람들을 위해 부모와 자녀 사이에서 이루어지는 가장 기본적인 경제생활인 용돈 주고받기를 통해 자녀에게 쉽게 금융 교육을 할 수 있도록 이 책을 구성했다.

엄마가 읽고 방바닥에 툭 던져두면 아이가 주워서 화장실에서 읽는 책, 부모가 이래라저래라 하고 간섭하듯 권하는 게 아니라 아이가 손쉽게 집어서 짬짬이 읽고 스스로 실천할 수 있는 책, 아빠가 읽고 아이에게 동화책 읽어주듯 쉽게 경제를 설명해줄 수 있는 책이 되기를 바라는 마음에서 이 책을 썼다.

  마지막으로 나의 사랑스런 아이들의 성장에 이 책이 아름다운 기념이 되었으면 한다.

재정 컨설던트

이 성 준

1

금융 교육의
필요성

유태인들의 자녀 교육은 세계적으로 유명하다. 특히 세계 인구의 0.2%에 불과한 인구가 전 세계 자금의 20%가량을 움직이는 것을 보면 그들의 돈에 관한 자녀 교육이 얼마나 특별한지는 가히 짐작할 만하다.

그들은 자녀가 세 살만 되면 돈을 가르친다. 겨우 걸음마를 떼고 엄마, 아빠 단어를 배울 때부터 돈이 무엇인지 교육한다.

반면에 우리나라 부모는 영어와 수학부터 가르친다. 우리나라 부모들이 학교 등 공교육이 감당해야 할 영어, 수학 등을 사교육에서도 열중하는 사이 유태인들은 가정에서 자녀들에게 금융 교육을 비롯한 생존 방법을 가르치기 시작한다.

이처럼 대한민국 부모의 교육열은 세계적으로도 유명하지만 모두가 긍정적인 결과로 나타나는 것은 아니다. 이론 교육에 치중하는 사이 당연한 말이지만 실천적인 면은 약해질 수밖에 없다. 학교에서 국·영·수 과목에 뛰어난 학생이 사회에서도 성공적으로 적응하며 부자가 되리란 보장은 없다.

아무리 명예가 높은 사람이라도 경제적인 부분에서 어려움을 겪는다면 이 사람을 보고 진정으로 성공했다고 생각할 수 없을 것이다. 경제적으로 누구의 도움도 받지 않고 자신과 나아가서는 자신의 가족까지 책임질 수 있어야 비로소 한 사람의 사회인으로 인정받을 수 있기 때문이다.

유태인들은 이 문제를 일찌감치 간파하고 있었다. 정치적인 문제로 전 세계에 뿔뿔이 흩어져 살게 된 과거의 유태인들은 살아남기 위해서 자녀들에게 돈을 다루는 방법을 가르칠 수밖에 없었다. 그리고 그들은 성공했다. 유태인들이 믿고 실천해온 신념은 오늘날 전 세계 사람들이 배우고 따라 하려는 자녀 교육의 성공 사례로 자리 잡았다고 해도 과언이 아니다.

예를 들어 세계 경제가 아무리 어려워도 유태인들이 곤란에 빠졌다는 말은 들을 수가 없다. 또 유태인 자본으로 명확하게 구분되지는 않지만 미국 내에서 대규모의 자금이 움직일 때면 유태인이 관계되지 않은 적이 없었다.

그래서일까? 2011년 전 세계에 불어닥친 금융위기로 인해 국가 부도 사태를 맞이한 그리스처럼 되지 않기 위해서 우리나라에서도 청소년 시기부터 금융 교육을 강화해야 한다는 의견이 나오고 있다. 장기적인 안목에서 한 나라의 흥망을 좌우하는 경제적 환경에 대응할 수 있는 교육이 청소년 시기부터 이루어져야 한다는 목소리가 힘을 얻고 있는 것이다.

실제로 영국은 정부적 차원에서의 지원으로 어릴 적부터 금융 교육을 실시한 덕분에 금융 강국으로서의 위치를 지켜가고 있지 않은가?

인정하든 인정하지 않든 금융 교육은 국가의 운명을 좌우하고, 개인의 성공이 달려 있는 중요한 교육 항목이다. 성장을 전제로 전달되는 모든 교육의 성패를 가르는 것은 경제적인 자립 여부와 부의 형성 정도라고 할 수 있다.

이처럼 생존 교육이라고도 할 수 있는 금융 교육이 자녀에게 제대로 이루어질 때야말로 비로소 지대한 교육열은 성공이라는 열매를 맺을 수 있다.

가정에서 부모에 의해 이루어지는 금융 교육은 단순히 돈을 다루는 기술을 전달할 뿐만 아니라 다양한 방면에서 청소년 자녀들에게 긍정적인 영향을 미치게 된다.

학교 공부에만 치중하다 보면 자칫 공부만 잘하고 사회성이나 인성에서 문제를 드러내는 경우가 있는데, 이때 적절하게 이루어지는 금융 교육은 자녀의 고른 성장에 필요한 자양분을 다양하게 제공한다고 할 수 있다.

금융 교육은
인성 발달에 영향을 준다 ——

우선 금융 교육을 적절하게 받고 있는 청소년의 경우 인성 발달이라는 매우 귀중한 선물을 얻게 된다. 그것은 금융 교육이 기본적으로 부모와의 대화를 통해 진행된다는 것에 주목하면 쉽게 이해할 수 있을 것이다.

가정에서 이루어지는 자녀의 금융 교육은 대부분이 용돈 관리와 관련된 교육으로부터 시작된다고 할 수 있다. 그런데 부모들은 자녀에게 용돈을 주면서 돈에 대한 소중함을 일깨워주고, 돈을 쓰는 방법과 돈을 아끼고 모으는 방법까지 가르쳐주려고 한다(실제로 대부분의 부모들은 그렇게 하고 있을 것이다). 이처럼 자녀들이 용돈을 적절히 관리할 수 있도록 부모의 관여가 자연스럽게 이루어지고 있는 것이다.

그렇다고 자녀가 부모의 관여에 대해 거부감을 갖지는 않는다. 모든 교육이 대화를 통해서 진행되기 때문이다. 대화란 서로의 인격을 존중하고 생각을 나누는 것인데, 부모와 자녀 간의 용돈 관리에 대한 대화는, 부모는 자녀의 입장을, 자녀는 부모의 사정을 이해할 수 있게 해주는 장점도 있다.

특히 용돈 인상을 놓고 부모와 협상을 벌이는 과정에선 자녀의 커뮤니케이션 능력뿐만 아니라 논리력, 설득력까지 키울 수 있다. 또 효과적인 용돈 협상만으로도 자녀가 무조건적으로 반항심을 표현하는 태도를 교정할 수 있다.

요즘 교육계의 화두는 청소년들의 욕설이다. 75초마다 한 번씩 뱉어내는 욕설에는 남학생과 여학생의 구분이 없으며 공부를 잘하고 못한다는 기준도 없다.

금융 교육을 하며 이루어지는 부모와의 대화는 이러한 거친 생각과 말투를 최대한 억제하는 효과를 발휘하여 자녀에게 훨씬 안정된 인성을 확보해줄 것이다.

합리적 사고를 키워준다

두 번째로 금융 교육으로부터 기대할 수 있는 것은 합리적 사고의 발달이다.

청소년기를 겪는 자녀는 정서적으로 모순된 인격을 가지고 있다. 남이 무단횡단하는 것을 보면 도덕군자인 양 양심 운운하며 비난을 퍼붓지만 정작 자신은 아무렇지 않게 침을 뱉고 길을 건너는 것이 바로 청소년기 아이들이 갖는 특징이다.

존경과 경멸의 마음이 동시에 존재하고, 자신에 대한 우월감이 있는가 하면 무능함에 괴로워하기도 한다. 이것은 청소년기에 정서적 미성숙으로 인해 자아 정체감이 형성되지 못해서 나타나는 대표적인 현상으로 흔히 자아 중심성에 빠지거나 양가성을 보인다.

그런데 금융 교육은 합리적 사고에 기초한 교육이다. 용돈으로만 국한해서 생각해도, 용돈을 어떻게 사용하면 적은 돈으로 많은 효과를 거둘 것인가가 교육의 요지다. 용돈 기입장을 작성하고 한 달 예산서를 만들어 돈이 새는 것을 막고, 돈을 쓰는 데 있어서 가장 효과적인 방법을 찾는 것은 바로 합리성에 기초한 교육이다.

또 용돈을 인상받기 위해서는 자녀가 부모에게 용돈을 올려야 하는 합당한 이유를 대야 하기 때문에 정연한 논리가 요구된다. 이때 자녀는 정해진 용돈으로 그동안 어떻게 효율적으로 사용했는지, 인상된 용돈으로는 또 어떻게 효율적으로 쓸 것인지 따위를 조목조목 설명하게 될 것이다. 이러한 합당한 이유를 찾는 과정에서 바로 합리성이 길러지는 것이다.

그리고 이것은 청소년기에 한정되어 효과를 보는 교육이 아니라 이 교육이 바탕이 되면 자녀는 합리적 사고를 갖춘 사회인으로 성장하게 된다. 금융 교육이야말로 자녀의 정서적 발달을 위한 최고의 방법이라 할 수 있다.

부모에 대한
사랑이 깊어진다 ————

청소년이면 누구나 자신의 용돈에 만족하는 사람은 없다. 하나같이 부족하다고만 한다. 그러나 부족한 용돈에 대한 불만을 관리하는 태도는 청소년에 따라 각각 다르게 나타날 수 있다.

부모가 경제적으로 어려운 형편일 때 나타나는 자녀들의 태도는 크게 두 가지로 나뉘는데, 하나는 부모의 어려운 형편에 실망하여 자신의 꿈을 포기하는 청소년이고, 다른 하나는 그 환경을 극복하고자 하는 열망을 바탕으로 인생 역전을 꿈꾸는 청소년이다.

주로 부모의 경제적 상황을 이해하지 못하는 청소년이 부모의 처지를 자신의 꿈을 꺾는 핑계로 삼는다. 즉, 매일 어렵게 사는 부모가 한심하고 그 가정환경 때문에 자신의 목표를 달성할 수 없다며 자신의 꿈마저 꺾어버린다.

이런 아이는 오로지 자신의 용돈이 친구와 비교해서 적고, 사고 싶은 것에 제한을 받는다는 것이 불만일 뿐이다. 부모가 돈을 벌기 위해 어떤 노력을 하고 있는지에 대한 이해 따위는 없다. 그런 부정적인 생각으로는 꿈을 세울 수도 없고 비전을 가질 수도 없다.

한 신문사에서 조사한 청소년 자살에 관한 실태를 보면 가정의 경제적 환경이 얼마나 중요한지 알 수 있다. 조사 대상 청소년 중 경제 환경이 어려운 가정에서 자란 청소년은 자살을 생각하는 비율이 36.1%이며 그중에서 16.4%는 실제 자살을 시도한 것으로 나타났다. 자살의 모든 원인이 가난일 수는 없겠지만, 청소년에게 가정의 가난은 작은 일이 아님은 틀림없다.

한편, 부모가 경제적으로 어려운 상황이라는 것을 이해할 수 있는 청소년은 마음속에 부모에 대한 사랑이 싹트고 현재의 상황을 극복하고자 하는 열정을 갖게 된다.

그렇다면 자녀에게 부모의 현재 상황을 어떻게 이해시킬 수 있을까? 가장 효과적인 것이 바로 대화다. 구체적으로는 자녀에게 용돈을 주면서 이루어지는 대화를 통한 금융 교육이다.

자녀에게 용돈을 주면서 부모는 자연스럽게 금융 교육을 시킬 수 있다. 돈의 가치와 사용법, 절약법 등을 가르쳐주는 것이 그것인데, 이는 가정형편과 부모에 대한 이해로 이어진다.

미국은 예로부터 식탁에서 자녀 교육을 시켰다고 한다. 농장을 사야 하는 데 얼마가 필요하고, 집에는 얼마가 있으니까 누구에게 얼마를 빌릴 것인지 따위를 부모는 식사를 하면서 얘기한다. 그러면 아이들은 그 내용을 듣고 가정이 어떻게 돌아가는지 알게 되고, 나아가 '부모님이 이렇게 고민하고 있는데 내가 할 수 있는 건 무엇일까?'라는 생각으로 이어진다.

부모의 현재 상황에 대한 이해가 부모에 대한 걱정과 사랑으로 이어진 것이다.

이처럼 금융 교육은 단순한 수치적 능력만을 배양하는 것이 아니라 가족 간의 사랑을 키워주는 역할도 한다.

성공을 선물한다

카네기 재단에서 성공한 사람들 10만 명을 대상으로 성공 요인에 대한 조사를 했다. 그런데 우리가 일반적으로 알고 있는 사실과 다른 결과가 나왔다. 그들의 성공에 영향을 끼친 것은 기술적 요인이 15%이고, 인격적 요인은 무려 85%나 된다는 것이었다. 놀랍지 않은가?

이 결과는 대한민국 부모들에게 실망감을 안겨주기에 충분하다. 대한민국 부모는 그 어느 나라 부모보다 열성적으로 자녀에게 성공을 주문한다. 불행하게도 성공 요인의 겨우 15%만을 강조하면서 말이다.

대한민국 부모에게 자녀 교육 하면 떠오르는 단어를 세 개만 고르라고 한다면 아마도 국어, 영어, 수학일 것이다. 어떤 부모도 수능을 대신할 가치를 선택할 용기가 없기 때문이다.

그렇다면 인격적 요인이 왜 성공의 주요 인자일까?

아주 유명한 우리나라 가수 한 분이 있다. 여섯 살 때부터 노래를 불렀지만 50년이 지난 지금도 그는 여전히 왕성한 활동을 벌이면서 스타의 반열에 올라 있다. 그는 노래를 부르기 시작하면서부터 아버지의 권유로 기부도 시작했다. 지금까지 그가 기부한 금액이 300억 원이 넘는다고 하는데, 나눔이라는 것이 어느새 그의 인격으로 자리 잡았고, 그 인격이 성공을 가져온 것은 아닐까 싶다.

이 외에도 유명한 연예인들 중에는 기부나 자선 활동을 통해 일반 대중들에게 훌륭한 인격자로 인식되며 성공 가도를 달리고 있는 경우를 종종 볼 수 있다.

일반적으로 인격적 요인에는 행동, 태도, 기대, 신념 그리고 가치관과 같은 정의가 포함될 수 있다.

청소년 자녀를 대상으로 하는 금융 교육은 앞에서도 말했듯이 수치적 감각의 형성만이 목적이 아니다. 부모와의 관계에서 사랑과 배려를 배우고 돈의 중요성을 꿰뚫어보게 하는 금융 교육은 성공에 필요한 가장 중요한 인격적 요인의 교육을 함께 포함하고 있다는 것에 주목할 필요가 있다.

따라서 자녀에게 용돈을 넉넉하게 줄 수 있는 형편에 있다고 해서 금융 교육을 하지 않아도 되는 것이 아니다. 자녀에게 아무리 많은 재산을 물려줘도 인격에 문제가 있는 자녀라면 그 많은 재물은 단지 숫자에 불과하며 그 어떤 가치도 형성하지 못할 것이다.

어느 부모는 용돈을 주는 것만을 부모의 역할로 생각하고, 또 어느 부모는 10년을 내다보고 용돈을 주면서 교육적 목적을 가지고 자녀를 훈련시키는 가정도 있다. 똑같은 용돈이 자녀에게 매달 지급되어 소비된다 하더라도 후자의 경우 그 교육은 반드시 10년 내에 엄청난 결과로 자녀에게 돌아갈 것이다.

현재 수천억, 수조 원에 이르는 자산을 가지고 세상의 부자로 군림하는 많은 거부들도 어려서부터 금융 교육을 통해 돈에 대한 감각을 키웠다는 것을 잊지 말아야 한다. 지금 몇 만 원, 몇 십만 원의 관리를 할 수 없다면 미래의 수조 원에 이르는 자산도 관리할 수 없다는 것을 알아야 한다.

만일 지금 당신의 자녀가 용돈 관리에 실패하고 있다면 단지 용돈뿐 아니라 미래에 다가올 수천억 원을 잃고 있다고 해도 과언이 아니다. 이것이 용돈 관리에 대해 꼼꼼하게 교육해야 하는 이유다.

용돈 관리로부터 시작된 금융 교육은 자녀들의 인성을 발달시키고, 부모에 대한 사랑을 키우고, 합리적 사고를 갖게 하여 성공이라는 목적지로 이끌어주는 든든한 안내자가 될 것이다.

개과 중에 가장 무서운 동물이 늑대라고 한다. 그중에서도 말 승냥이로 불리는 회색 늑대는 매우 사납고 공격성이 강하다. 어깨 높이가 80~97센티미터, 몸무게가 30~80킬로그램으로 코요테나 자칼보다 훨씬 크다. 또한 개과로 분류하지만 개에 비해서 머리가 큰 편이고 영리하다.

말승냥이는 하루에 수십 킬로미터를 걸을 수 있고 몇 시간을 달릴 수도 있는 강인함으로 주로 순록이나 사향소 등 큰 초식 동물을 사냥한다. 한 번에 송아지 한 마리를 먹어치울 만큼 먹성도 좋다. 먹이가 부족하면 때로는 사람에게도 덤벼드는 두려움을 모르는 동물이다.

이렇게 공격적이고 무서운 말승냥이에게도 믿기 어려운 모성애가 있다. 말승냥이는 10~12주의 임신 기간을 거쳐 새끼를 낳게 되는데 이때 어미는 연약한 새끼를 혹독한 주변 환경으로부터 보호하기 위해 직접 자신의 허벅지 털을 뽑아 새끼의 자리를 만든다고 한다.

부모라면 누구나 다 자녀가 성공하기를 바란다. 세상에서 자신을 꼭 닮은 자녀를 성공한 사람으로 키운다는 것은 부모의 입장에서 보면 가장 가치 있는 삶이기 때문이다. 따라서 어렵고 힘든 형편은 부모가 감당하더라도 자녀에게는 좋은 환경 속에서 살게 하려는 것이 부모의 마음이다.

　일련의 금융 교육은 자녀의 인생의 방향과 삶의 질을 결정한다. 자녀가 무엇이 되고자 하고 무슨 일을 하든지 어렸을 때부터 배양되어온 돈에 대한 관리 능력은 미래의 꿈과 어우러져 자녀의 삶을 풍요롭게 만들어줄 것이다. 부모는 확신을 가지고 지속적인 관심으로 자녀를 교육해야 한다.

2

금융 교육의 출발점,
용돈 교육

자녀들에게 금융 교육을 시킬 때 가장 매력적이며 효과적인 수단은 역시 용돈이다. 용돈을 제대로 관리할 수 있는 능력을 길러줄 수 있다면 자녀에게 그보다 더 성공적인 금융 교육은 없다 해도 과언이 아니다.

그런데 자녀들이 용돈을 관리할 수 있는 능력은 자녀의 특성과 환경에 따라 매우 다양하게 나타난다. 따라서 자녀들의 용돈 관리 능력을 일정 수준 이상으로 키워주기 위해서는 용돈을 관리할 수 있는 능력에 따라 용돈의 지급 방법을 다양화하는 것도 도움이 된다.

자녀들의 용돈 관리 능력에 맞게 용돈을 지급하는 방법은 크게 다음의 세 가지가 있다.

용돈의 지급 방법

① 월 단위 지급식

용돈을 효율적으로 관리할 수 있는 방법을 가르치기 위해서는 우선 용돈의 지급 방법을 자녀의 용돈 관리 능력에 맞게 잘 선택해야 한다.

용돈을 지급하는 방법에는 월 단위로 지급하는 방법이 있고, 일주일마다 그리고 매일 지급하는 방법이 있다. 각각의 용돈 지급 방법에는 나름대로 장단점이 있겠지만 학년이 올라갈수록, 나이가 많아질수록, 월급 형식으로 지급하는 것이 교육적 효과가 가장 크다고 하겠다.

그런데 자녀들은 월급식으로 용돈을 받는 것을 가장 선호한다. 한 번에 많은 돈을 받으면 평소에 갖고 싶었던 물건을 살 수도 있고, 무엇보다 지갑에 돈이 많다는 포만감이 심리적으로 든든함을 주기 때문이다. 하지만 용돈 관리를 제대로 하지 못하는 자녀라면 그 포만감은 며칠을 가지 못하고 얇아진 지갑과 함께 사라질 것이다.

월 단위로 용돈을 받게 되면 무엇보다도 씀씀이가 헤퍼질 가능성이 크다. 목돈이 들어왔으니 그동안 마음으로만 갖고 싶었던 옷이나 신발, 각종 사치품 등을 사려는 유혹을 받게 되고, 친구들과 유흥비로 모두 쓰게 될지도 모를 일이다.

실제로 한 달 용돈을 불과 일주일 만에 다 써버리고 매번 필요할 때마다 돈을 더 달라고 떼를 쓰는 아이들이 있다. 이런 아이들에겐 월급식으로 용돈을 주는 것이 바람직한 방법이라고 할 수 없다.

반면에 용돈 관리를 잘할 수 있는 자녀라면 월급식은 매우 높은 교육적 효과를 기대할 수 있다. 예를 들어 금액 중 일부는 지출 금액으로, 일부는 저축 금액 등으로 나누어 사용할 수 있어서 교육적 효과가 크다고 할 수 있다. 특히 모으고 아끼는 것에 익숙한 다람쥐파 자녀들에게는 효과적인 지급 방법이 되겠다.

이와 같이 월급식 용돈의 가장 큰 장점은 계획을 세우고 실천하는 자율성에 큰 자극이 된다는 점이다. 단, 용돈을 주는 날짜를 일정하게 정해두는 것이 매우 중요하다. 한 달 용돈을 관리할 수 있는 자녀라면 용돈을 받는 날에 맞추어 지출 항목이나 규모도 이미 결정해놓고 있기 때문이다.

② 주 단위 지급식

만약 아이가 돈 관리를 규모 있게 하지 못하고 계획 없이 사용하는 스타일이라면 주 단위로 용돈을 지급하는 것이 도움이 될 수 있다. 목돈이 생기면 과소비나 충동소비로 다 써버리고 나서 월급과 같이 다음 수입이 생길 때까지는 신용카드로 사는 사람들이 있듯이 아이들 중에도 기분이 내키는 대로 계획성 없이 용돈을 쓰는 아이가 있다.

이럴 경우 옳고 그름을 떠나 분명한 것은 용돈보다 지출 규모가 더 커질 뿐만 아니라 용돈 부족으로 인해 불편한 생활이 이어져야 한다는 것이다. 이것은 자칫 부모와의 갈등을 초래하는 원인이 될 수 있기 때문에 반드시 바로잡을 필요가 있다.

주급제로 용돈을 주게 되면 자녀의 입장에서는 무엇보다도 관리가 수월해진다는 점이 좋다. 용돈을 쓰는 기간이 일주일로 짧고 금액이 적어 용돈 관리에 대한 부담이 적기 때문이다.

단점이라면 적은 돈을 받는 관계로 저축 금액을 확보하지 못하는 경우가 있을 수 있다. 주어진 금액이 월급식보다 적다는 빈곤감으로 절약보다는 지출에 관심을 가지게 될 가능성이 큰 것이다. 또 일주일만 버티면 된다는 생각에 용돈의 궁극적인 목적인 관리의 기술을 익히는 데 소극적이 될 수밖에 없다.

따라서 처음에는 주급제로 용돈을 주다가 어느 정도 용돈 관리 능력이 생기면 월급제로 변경하는 것이 좋다고 할 수 있다.

③ 일 단위 지급식

마지막으로 돈이 생기는 대로 군것질을 하거나 보이는 대로 다 써버리는 막가파식 아이가 있다. 방금 전에 아이스크림을 사 먹고도 작은아빠가 주신 용돈으로 금세 과자를 사 먹으러 달려가는 아이와 같은 경우다.

이런 아이는 돈에 대한 개념이 전혀 없기 때문에 돈에서 맛있는 것과 바꿀 수 있는 것 이상의 가치를 찾지 못해 수중에 돈이 생기는 족족 원하는 것과 바꾸는 것이다. 때문에 막가파식 아이는 용돈을 하루 단위로 지급할 수밖에 없다.

자녀가 용돈 관리에 관한 능력을 전혀 가지고 있지 못하다면 이 방법을 사용해야 한다. 하루에 쓸 만큼만 용돈을 주고 그 안에서 지출하도록 훈련하는 것이다.

이 방법에서 주의해야 할 것은 용돈을 주면서 반드시 임무도 함께 주어야 한다는 것이다. 즉, 주어진 금액에서 얼마를 소비하고 얼마를 남겨야 한다는 지령을 주어야 한다. 무조건 다 써도 된다는 조건이면 교육적 효과를 기대할 수 없다.

이때 중요한 것은 정해놓은 금액 이외에는 추가 지급을 절대로 해서는 안 된다는 것이다. '의도적 절제'를 통해 용돈 관리 방법을 익히게 하는 것이다.

일 단위 지급식은 하루만 잘 사용하면 된다는 생각에 교육적인 효과를 기대하기는 주급제보다 더 힘들다. 자녀는 매일 받는 용돈을 하루 동안만 관리하면 된다는 허락으로 이해하여 관리의 연속성에 동기를 부여할 수 없다는 단점도 있다.

때문에 용돈 관리가 제대로 되지 않는 자녀라면 매일 지급하는 것처럼 관리기간을 짧게 해서 시작했다가 주급식을 거쳐 월급제로 기간을 점점 늘려주는 것이 효과적이다.

이상과 같이 자녀가 용돈을 받을 만한 연령에 이르렀다면 위와 같은 방법으로 세밀하게 나누어 용돈을 줄 필요가 있다.

습관이란 것이 무서운 게 한번 잘못 들인 습관은 쉽게 고칠 수가 없다. 더구나 어린아이와 같이 어떤 것이든 빠르게 받아들이고, 빠르게 체득하는 시기에 있을 때는 처음 습관을 잡는 데 특히 세심하게 주의해야 한다. 자녀의 성향을 빨리 파악해서 그에 맞는 방법을 선택해 바른 습관을 잡아줄 필요가 있다.

용돈 지급 방법에 따른 장단점

	적용 대상	장점	단점
월 지급식	용돈을 관리하는 능력이 뛰어난 자녀	한 달 예산을 세울 수 있다. 지출, 저축 금액 등을 계획할 수 있다. 교육 효과가 탁월하다.	충동소비나 과소비의 원인이 될 수 있다.
주 지급식	용돈 관리 능력이 보통인 자녀	용돈 관리에 대한 부담이 월 지급식보다 상대적으로 적다.	저축을 실행하기가 어렵다. 교육 효과가 다소 적을 수 있다.
일 지급식	용돈 관리를 전혀 못하는 자녀	용돈을 관리할 필요가 없다.	교육 효과를 전혀 기대할 수 없다.

우리 집 큰아이는 속칭 '다람쥐파'다. 한 번도 제 돈을 사용하는 것을 본 적이 없다. 정기적으로 받는 용돈, 가끔 할머니, 할아버지께 받는 것조차 차곡차곡 모아서 가끔씩 자신의 통장에 넣어줄 것을 나에게 부탁할 뿐이다. 방과 후 친구들과 군것질을 할 만도 한데 그것마저 천연덕스럽게 얻어먹고는 자기 돈이 굳었다고 좋아한다.

둘째아이는 반대로 '기분파'다. 둘째아이가 갖고 싶은 것이 있다고 하면 나는 아이를 살살 꼬드겨 모아둔 용돈으로 사게 만든다. 그러면 아이는 선뜻 돈을 쓴다.

우리 부부는 종종 아이들에게도 자기가 필요한 물건을 살 때는 자기 돈을 쓰라고 요구한다. 한번은 컴퓨터가 낡아서 바꿔야될 상황이었다. 가끔 가다 인터넷 정도만 쓰는 우리 부부야 그리 답답할 게 없었지만 주말이면 게임에 목숨을 거는 아이들에게는 여간 답답한 것이 아니었다.

이것을 핑계로 우리 부부는 두 녀석에게 동일하게 일정 부분의 금액 부담을 요구했다. 큰아이는 '절대불가'. 게임을 포기하는 한이 있더라도 돈을 내놓을 수 없다는 입장이었다. '당연히 아빠가 사야 하는데 왜 자기가 돈을 내야 하는지 모르겠다.'는 것이 큰아이의 생각이었다. 말은 맞지만 나는 답답한 것이 없으니 굳이 바꿀 필요가 없었다. 그래서 타협점으로 "모든 금액을 부담할 수는 없다."고 말했다.

그런데 그 순간 둘째아이가 비장한 얼굴로 말했다.

"제가 낼게요."

결론이 의외로 쉽게 나버린 것이다.

결국 둘째아이는 "게임을 할 수 있는데 그깟 돈이야 뭐." 하고 말하더니 컴퓨터를 사는 데 가장 많은 돈을 내놓았고, 나는 조금, 그리고 큰 녀석은 한 푼도 안 냈다.

이런 이유로 나와 아내는 큰아이가 용돈을 어떻게 사용하는지는 거의 체크하지 않는다. 보나마나 통장에 들어 있을 가능성이 100%이기 때문이다. 반면 둘째는 가끔씩 얼마를 가지고 있는지 확인한다. 부모와의 합의하에 지출되는 것은 큰 걱정이 없지만 친구끼리 선뜻 위와 같은 결정을 내리게 될까 봐 염려가 되기 때문이다.

위에서 분류한 방법에 따르면 우리 집 큰아이는 월급식, 둘째아이는 주급식이 용돈을 주는 방법으로 적당하지 싶다.

이처럼 자녀의 성향부터 파악하면 용돈을 어떻게 지급하면 좋은지 빨리 감을 잡을 수 있을 것이다.

조기에
금융 교육을 시작하라

초등학교 저학년 자녀를 둔 부모에게서 가끔 자녀에게 돈에 관한 교육을 벌써부터 시작할 필요가 있느냐는 질문을 받는다. 자녀의 나이가 어려서 돈에 대해 설명해도 잘 이해하지 못하고, 무엇보다 용돈으로 주는 금액이 적어서 효과가 있을까 하는 의구심이 든다는 것이다. 아마 대부분의 어린 자녀를 둔 부모라면 이런 생각을 한 번쯤 해봤을지도 모르겠다.

단도직입적으로 말하면 돈에 관한 교육은 빠르면 빠를수록 좋다. 다만 속도를 조절할 필요는 있다. 연령별로 다른 이해력을 감안해서 전달하는 내용의 범위도 달리해야 한다. 같은 용돈을 주더라도 나이에 따라 지급 방법이나 관리하는 기술을 다르게 적용하는 세밀한 간섭이 필요하다.

한 가지 유념해야 할 것은 초등학교 저학년의 경우 용돈 교육이 목적하는 바를 성취하기에는 무리가 따를 수 있다는 것이다. 기술적으로 용돈 기입장을 기록할 수는 있겠으나 지속성을 유지하기가 어려울 수 있고, 무엇보다 교육적 효과는 거두지 못한 채 단지 부모의 만족에 그칠 가능성이 높을 수 있다.

따라서 용돈 지급을 통한 금융 교육은 어느 정도 효과를 기대할 수 있는 4학년 이상 고학년 이후에 실시하는 것이 좋다.

그리고 자녀에게 처음 금융 교육을 시킬 때는 경험을 통한 난편적인 금융 지식을 전달하는 것이 효과적이다.

예를 들어 화폐 박물관을 방문하여 다양한 화폐를 관찰하면서 돈의 의미와 가치를 스스로 깨닫게 하는 것도 좋고, 또 화폐의 단위, 은행의 역할 같은 것을 금융과 관련된 각종 기관의 견학 및 경제 게임 등 재미를 느끼면서 어렵지 않게 정보를 접할 수 있는 것을 통해 하는 것이 좋다. 이러한 교육은 청소년 시기에 접어들어 본격화될 금융 교육에 든든한 밑바탕이 된다.

한번은 딸아이가 "아빠 우리 차 바꿔요."라고 말했다. 어느 아빠나 그렇듯이 나에게도 딸은 세상 그 무엇과도 비교할 수 없는 사랑스런 존재다. 양 갈래 머리에 앞니가 두 개 빠진 모습으로 두 눈을 동그랗게 뜨고 나를 쳐다본다.

사실 지금 차는 좀 낡았다. 하지만 첫아이가 태어나면서부터 셋째까지 싣고 전국을 돌아다니며 행복을 쌓아온 차이기에 나름대로 애착이 있다. 또 무엇보다 얼마 전에 큰돈을 들여 싹 수리를 한 터라 딸아이의 요구에 나는 적잖이 당황했다.

그래서 장난삼아 "지후야 너 얼마 있니? 차 사려면 돈이 많이 있어야 하는데?" 하고 물었다. 그랬더니 기다렸다는 듯이 "5만 원."이라고 말했다.

"5만 원이라……."

여덟 살짜리 아이가 돈을 알 리 만무하다. 원하는 것이 있으면 두 아들보다 먼저 구해주는 부모가 있으니 돈의 가치를 알 필요도 알 기회도 없는 것은 당연하다. 5만 원으로 차를 살 수 있다고 생각한 것은 엄마가 5만 원권을 제일 큰 돈이라고 설명한 데서 생긴 오해였다.

갓 초등학교에 들어간 딸아이는 셈 공부에 열중이다. 손가락, 발가락까지 총동원해가며 숫자를 맞추고 행여나 100점을 맞으면 흥분하며 좋아한다. 그런 딸을 보며 5만 원을 어떻게 설명해야 할지 머리가 복잡하다. 딸아이에게도 돈에 대한 교육을 이제 슬슬 시작해야 할 때가 온 것 같다.

돈의 가치를 지속적으로 가르쳐라

어린 자녀들에게 금융 교육을 시키면서 가장 우선시해야 할 목적은 돈의 개념과 가치를 습득하게 하는 것이라 할 수 있다. 자녀에게 필요한 물건을 사주거나 용돈을 줄 때 그 돈이 어떠한 과정을 거쳐 자녀에게 주어지는지, 또 그 돈을 벌기 위해 엄마와 아빠가 얼마나 열심히 일하고 있는지를 실제 생활에서 깨달을 수 있도록 이끌어주어야 한다.

대부분의 아이들은 돈을 쓰는 것부터 배운다. 태어나면서부터 자신은 아무 노력도 하지 않았는데 당연히 먹고, 입고, 쓸 수 있었으니 필요할 때마다 부모에게 달라고 하면 언제든지 쉽게 얻을 수 있는 것이 돈이라고 생각한다.

의식주를 비롯해 일상생활에서 일어나는 모든 일이 돈과 관계되어 있지만, 아이들은 자신이 입고, 먹고, 놀기 위해 필요한 그 어떤 것도 돈과 연결해서 생각하지 못한다. 옷, 학용품, 시계, 야구글러브, 동화책, 안경, 운동화, 자전거 등 모든 것을 부모가 당연히 주는 것으로 알 뿐이다.

당연한 말이지만 그런 아이에게 돈의 가치를 알 것이라고 기대하기는 어렵다. 중요하다고 생각하지 않는 것은 그 사람에게 가치를 지니지 않기 때문이다.

또 돈의 가치를 모르기 때문에 절약할 줄도 모른다. 쉽게 얻은 돈은 쉽게 새어나간다고, 아이에게도 아무 희생을 치르지 않고 얻어진 돈은 쉽게 써버려도 별로 아깝지 않은 것일 뿐이다.

이런 이유로 금융 교육에서 가장 먼저 가르쳐야 하는 것이 돈의 가치다.

그러면 자녀에게 돈의 가치를 어떻게 효과적으로 전달할 수 있을까?

우선 아이가 사용하고 또 원하는 것을 손에 넣을 수 있는 그 돈이 어떤 과정을 거쳐 아이에게 주어지는지 설명해야 한다. 자녀에게 생색을 내라는 것이 아니다. 돈의 가치를 전달하여 절약 생활을 이끌어내기 위함이다. 부모가 열심히 일한 대가로 얻어진 그 돈이 과자와 장난감과 교환된다는 것을 분명히 자녀에게 인식시켜 주어야 한다. 아이가 갖게 되는 모든 것에는 반드시 그 대가를 지불해야 한다는 것과 부모의 노력이 그것을 가능하게 한다는 것을 알려주어야 한다.

만약 부모가 대수롭지 않게 자녀에게 장난감을 사 준다면 그 장남감은 자녀에게도 대수롭지 않게 여겨질 것이다. 부모는 매일 늦게까지 일하지만 자녀는 장난감을 몇 번 사용하다 버리고 만다면 돈이 새는 것은 말할 것도 없거니와 부모의 노고에 대한 자녀의 이해도 기대할 수 없다.

하지만 요즘과 같이 모든 것이 풍부한 환경에서는 돈의 가치를 전달한다는 것이 결코 쉬운 일이 아니다. 실제로 초등학생은 물론이거니와 중고등학생들조차 아껴 쓰고 절약해야 한다는 것에서 어떤 동기를 찾지 못한다. 그저 있는 대로 쓰고 또 얻으면 그만이기 때문이다.

따라서 지속적인 교육을 통해 돈의 가치를 알려줄 필요가 있다. 때로는 '의도적 절제'라는 방법으로 돈의 가치를 깨닫게 하는 것도 한 방법이다.

　이러한 교육을 통해 자녀가 돈의 가치를 알게 되면 부모는 자연스럽게 자녀에게 절약을 요구할 수 있다. 바꿔 말해서 자녀가 절약을 실천하고 있는 것은 부모가 열심히 일해서 버는 돈의 가치를 이해했다는 증거다.

　절약은 두말할 필요도 없이 금융 생활에서 가장 우선해야 하는 기초 활동이다. 아무리 용돈 기입장을 잘 쓴다고 해도 돈의 가치를 깨우치지 못한다면 그것은 단지 의미 없는 기록에 지나지 않는다. 어려서 돈의 가치를 깨닫게 하고 이를 절약으로 실천할 수 있게 한다면 초등학생 시절 금융 교육은 성공했다고 할 수 있다.

　자녀에게 절약 정신을 확고하게 자리 잡게 하기 위해서는 지속적인 교육이 필요하다. 일과성으로 그치는 것이 아니라 부모는 항시 자녀에게 이 문제를 자극해야 한다.

　더불어 자녀의 절약 정신을 교육하는 데 가장 중요한 것이 부모의 행동이다. 부모가 솔선하여 절약하는 모습을 보여주지 않으면 자녀도 쉽게 절약을 생활화하지 못한다. 자녀는 부모가 절약하는 모습을 보고 자신의 생활 속에서도 따라 하며 절약의 의미를 깨우치게 되기 때문이다. 엄마의 태도가 곧 금융 교육이며 자녀에겐 더할 나위 없는 자극제가 될 것이다.

이란 영화 중에 〈천국의 아이들〉이란 영화가 있다. 이 영화에서 그리고 있는 내용은 물질의 부족함을 모르는 우리 자녀들에게 귀감이 될 만하다.

테헤란 남쪽의 한 마을에 알리라는 초등학생이 살고 있었다. 알리에게는 부모님과 여동생 한 명이 있었다. 가난하지만 알리는 행복했다.

하루는 엄마가 알리에게 여동생의 신발을 가져오라는 심부름을 시켰다. 그런데 알리는 그 신발을 가져오는 도중에 친구를 만나 놀다가 그만 동생의 신발을 잃어버리고 말았다. 어찌어찌 신발을 찾고 보니 그 신발은 장님 아버지와 단둘이 살며 자신들보다 더 가난한 소녀가 가져간 것이 아닌가. 어쩔 수 없이 알리는 신발을 돌려받기를 포기한다.

부모님에게 새 신을 살 여유가 없다는 것을 아는 알리는 결국 동생과 자신의 신발을 번갈아 신기로 한다. 동생 자라는 오전반이고 알리는 오후반. 자라는 오전 수업이 끝나기가 무섭게 오빠에게 신발을 전달하기 위해 전력 질주하여 집으로 돌아온다. 오빠가 그 신을 신고 학교에 가야 하기 때문이다.

그러던 어느 날 자라가 집으로 뛰어오던 중 개천에서 신발을 잃어버리고 만다. 두 사람은 학교에 갈 수 없다는 생각에 실망한다. 그렇게 슬픔에 빠져 있던 두 사람은 전국 어린이 마라톤 대회가 있다는 소식을 듣게 된다. 그리고 3등의 부상이 신발이라는 기쁜 소식도 듣게 된다.

알리는 1등이나 2등의 더 좋은 상품도 필요 없고 오직 3등을 하여 신발을 받을 것을 목표로 마라톤에 참가하게 된다.

그런데 매일 지각하지 않으려고 뛰어서 학교를 다닌 알리는 일부러 3등을 하는 것이 쉽지 않았다. 결국 목표와는 달리 1등을 해서 신발을 받지 못한 알리는 1등을 하고도 슬픔에 빠져 집으로 돌아온다.

영화에서 보듯 알리는 1, 2등의 더 좋은 선물을 원하지 않았다. 오직 자신에게 필요한 3등 상품인 신발만을 원했다. 알리에겐 신발이 그 어떤 좋은 선물보다 더 가치 있고 필요한 것이었기 때문이다.

하지만 우리 아이들을 보면 자신에게 필요하고 가치 있는 것에 대한 소중함을 모르는 것 같다. 필요한 것이 있으면 언제든 부모에게 요구만 하면 즉각 구해주는 것에 익숙해져 있기 때문일 것이다.

어떤 이는 이렇게 경고한다.

"아이가 갖고 싶어 하는 것은 무엇이든 다 주어라. 그러면 아이는 세상의 모든 것이 자기 것이 될 수 있다고 오해하면서 자랄 것이다."

자녀에게 원하는 것을 주기 전에 지금 가지고 있는 것이 얼마나 소중한지 깨닫게 해야 한다. 그것이 절약 생활로 이어지는 첫걸음이고 초등학생 금융 교육의 핵심이다.

자녀의 이름으로 통장을 만들어주어라

초등학생을 자녀로 둔 가정이라면 아이들 이름으로 통장을 만들어주는 것이 교육적으로 매우 효과적이다. 명절이나 생일 때 가족, 친지로부터 받은 돈을 모아두게 한다면, 또는 매달 받는 용돈의 일부분을 저금하게 한다면 그것 자체만으로도 좋은 교육이 될 것이다.

이 통장은 다시 중학교로 진학할 때 스스로 관리하도록 한다면 교육적 효과가 더욱 커진다. 아이는 이미 초등학교 고학년이 되면 '내 돈'이라는 집착이 생긴다. 자기 이름으로 만들어진 통장은 절약에 대한 동기를 부여하고 돈에 대한 태도를 올바르게 형성할 수 있도록 도와준다. 또 장난감 구입과 같은 쓸데없는 지출이나 충동구매를 억제하는 마음을 배우게 할 수 있어서 교육적 효과가 크다.

어느 가정에서는 초등학생 두 자녀에게 용돈을 지급하는 데 일방적으로 주고 마는 것이 아니라 청소나 심부름 등을 통한 대가성 지불이라는 방법으로 용돈을 준다고 한다. 그리고 그 용돈이 생길 때마다 개인 이름의 통장에 저금해두었다가 책을 사도록 유도한다는 것이다. 이럴 경우 자신의 노력으로 책을 구입했으니 함부로 다루지 않는 것은 물론 여러 번 읽어서 학습효과도 만족스럽다고 한다.

이처럼 초등학생 시절 저축 통장은 여러 가지 교육적 효과를 기대할 수 있다.

많이 경험하게 해야 한다

다음으로 초등학생 자녀들에게 권할 만한 금융 교육은 금융 생활에 대한 직·간접적인 경험이다. 요즘은 어린이 금융 교육의 중요성이나 필요성에 대한 인식이 높아서 금융기관이나 단체에서 다양한 프로그램을 운영하고 있다. 부모와 함께 참여하는 프로그램도 있고 필요하다면 원하는 장소에서 교육을 진행해주기도 한다.

초등학생은 자신이 받는 교육이 장래에 자신을 위해 어떻게 쓰이게 될 것인지에 대한 이해도가 약하다. 당연히 교육에 대한 집중도가 떨어질 수밖에 없고, 이런 아이들에게 이론만 강조하고 설명하는 교육은 효과가 떨어질 수밖에 없다.

돈이라는 개념을 가르치면서 말로만 이렇다 저렇다 설명하는 것보다는 아이에게 직접 물건을 사게 해보면 훨씬 효과가 크듯이, 아이는 실물을 직접 보고, 만지고, 스스로 한 과정을 실제로 해보면서 많은 것을 훨씬 밀도 있게 배운다.

자녀에게 체험적인 금융 교육을 시킬 수 있는 사이트를 몇 군데 소개해본다.

✎ 경제 교육 사이트

· 화폐 박물관 museum.komsco.com

· 한국은행 화폐 금융 박물관 museum.bok.or.kr

· 세계 화폐 박물관 www.numerousmoney.com

· 한국은행 경제 교육 www.bokeducation.or.kr

· 청소년 경제나라 youth.bokeducation.or.kr

· 어린이 경제마을 kids.bokeducation.or.kr

· 청소년을 위한 금융교실 kcie.or.kr

· 씽크머니 think.ywca.or.kr

· 청소년 금융 교육 협의회 www.fq.or.kr

가정에서 경험할 수 있는
금융 생활

이 외에도 가정에서 여러 가지 금융 생활을 체험할 수 있다. 실생활에서 빈번하게 발생하는 공과금 납부부터 현금 인출기 사용, 예금·적금하기 등은 자녀에게 은행의 역할과 경제의 흐름을 알려주는 데 효과적이다.

① 예금·적금하기

어린아이는 부모가 돈을 집에 두고 쓰는 줄 안다. 은행이라는 존재를 모르거나, 알아도 은행이 하는 기능에 대해서는 잘 모르기 때문에 어찌 보면 당연하다.

이런 아이에게는 우선 은행에 대한 정확한 설명이 필요하다. 은행의 기능이 무엇이고, 은행의 장점이 무엇이고, 또 가정 경제를 비롯한 모든 경제 활동의 중심에는 은행이 있다는 것까지 설명해준다.

그리고 이어서 돈을 은행에서 관리해야 하는 이유와 장점을 설명한다. 은행을 통해 돈을 관리하게 되면 이자가 붙는다는 점과 도둑을 방지할 수 있을 뿐만 아니라, 금융거래를 할 때도 일일이 은행을 방문하지 않아도 되어 편리하다는 것과 무엇보다도 은행을 이용하면 낭비를 줄이고 규모 있게 돈을 쓸 수 있다는 점을 알려준다.

더불어 미래를 대비하는 적금에 대한 이해를 끌어낼 수 있다면 어린아이들의 재정적 이해는 훨씬 성숙해질 수 있다.

② 인출하기

돈을 직접 찾는 것을 보여주는 것도 교육이 된다. 인출 후 통장을 통해 그동안 이자가 붙은 것을 확인시켜 주고 은행의 역할에 대해 설명한다면 자녀에게 좋은 경험이 될 것이다.

이에 더하여 인터넷뱅킹이나 폰뱅킹과 같이 다른 인출 방법도 있다는 것을 설명해주면 돈의 금융권 흐름에 대한 자녀의 이해도는 더욱 높아진다.

③ 공과금 납부하기

광열비, 전기세, 상·하수도세, 전화비 등을 납부하는 방법을 설명하고 공과금이 무엇인지, 그리고 가스공사와 한전, 한국통신 등 공기업의 역할과 기능에 대한 설명이 이어진다면 실제 생활에서 공과금이 얼마나 중요한지 알 수 있을 것이다.

어린아이들은 가정에서 쓰고 있는 물, 전기, 가스, 전화와 같은 것을 그냥 사용하는 것으로 알고 있다. 그 때문에 절약에 대한 개념이 없고, 어차피 공짜니까 흥청망청 써도 된다고 생각한다.

이런 아이들에겐 매달 나오는 청구서를 보여주고 이번 달에는 이만큼 썼으니까 얼마의 돈이 지불되어야 한다는 것, 그 돈이 가정 경제에서 어느 정도의 비중을 차지하는지 등을 설명해주면 가정의 경제 상황에 대한 이해와 더불어 자녀의 절약 생활을 유도할 수 있다.

④ ATM기 사용

ATM기(자동 인출기)를 사용하는 방법에 대해서도 설명해주어야 한다. ATM기는 아이가 편리하게 용돈을 빼 쓸 수 있는 도구이므로 그 장점과 단점을 사용하기 전부터 미리 알려줄 필요가 있다.

ATM기의 가장 큰 장점은 시간에 구애받지 않고 사용할 수 있는 편리성이다. 하지만 필요할 때마다 돈을 인출해서 쓸 수 있기 때문에 자칫 낭비로 이어질 수 있다는 단점도 있다. 또 시간과 요일에 따라서 인출할 때마다 수수료가 붙는다는 것도 단점이다.

따라서 ATM기의 사용법을 설명할 때는 이러한 점을 충분히 인식시켜서 용돈 관리를 효율적으로 할 수 있도록 이끌어주어야 한다. 더불어 비밀번호를 관리하는 방법을 설명하며 개인 정보 관리의 중요성을 알려주는 것도 큰 교육이 될 것이다.

나아가 자신의 학용품을 사는 과정에 ATM기를 이용하게 하는 방법도 의의가 있다. 예를 들어 은행에 가서 직접 필요한 돈을 인출해 그것으로 물감을 사게 하는 것이다. 이러한 과정은 자녀에게 매우 큰 자극이 된다. 스스로 할 수 있다는 자신감은 물론 돈의 흐름에 대한 이해를 돕는 데 효과적이다.

가정에서 할 수 있는 금융 교육의 가장 기초적인 방법에 대해서 몇 가지 알아보았다. 이 외에도 구체적으로 들어가면 가정에서 자녀에게 금융 교육을 시킬 수 있는 방법은 훨씬 더 많지만 위의 기초적인 교육만으로도 자녀의 경제생활에 상당히 큰 도움을 줄 수 있다. 조금만 신경 쓰면 누구나 손쉽게 할 수 있는 방법이므로 지금 당장 실천해보자.

초등학생
금융 교육의 효과

그렇다면 초등학생에게 금융 교육을 시켰을 때 어떤 효과를 볼 수 있을까?

초등학생의 경우 12세 정도가 되면 가정의 재정적인 문제들을 어느 정도 파악할 수 있다고 한다. 부모가 어떤 문제로 고민하고 있고, 지금 집안 형편이 어떻고 어떤 문제가 있는지 등을 대부분

읽어낼 수 있는 능력이 생기는 것이다.

만약 가정에 이 시기의 자녀가 있다면 금융 교육은 어떻게 하는 것이 좋을까?

집안 형편이 어려워져서 부모가 고민하는 모습을 보고 아이가 부모에게 왜 그러냐고 물을 때 부모들이 가장 흔하게 저지르는 실수가 "넌 몰라도 돼." "너는 공부만 열심히 하면 돼." 하고 아이를 무시하는 것이다. 그러나 부모의 근심이 자녀에게도 느껴질 정도라면 열두 살짜리 아이는 공부에만 집중할 수 없는 것이 당연하다.

부모들은 흔히 좋지 않은 집안 형편을 자녀들에게 알리지 않는 것이 사랑이라고 생각하고, 아이들은 그저 공부에만 열중하기를 바란다. 하지만 아이들은 그렇게 생각하지 않는다.

아이에게 가장 중요한 것은 부모와의 관계이지 경제적인 어려움이 아니다. "넌 몰라도 돼."라는 말은 자녀의 자존심을 무시하고 자녀의 존재를 인정하지 않는 말로 오해를 사서 부모와의 관계에 문제를 일으키는 원인이 될 수 있다. 집안의 경제적인 어려움이 문제를 일으키는 것이 아니라 관계의 뒤틀림이 자녀로 하여금 어려움을 겪게 하는 것이다.

이런 경우에는 자녀가 부모의 근심거리를 알고 있다는 것을 인정해야 한다. "이러저러한 문제가 있어서 엄마, 아빠가 힘들구나." 하고 솔직하게 말하는 것이 가장 효과적이다.

아이는 자신에게 이렇게 솔직하게 털어놓는 부모를 절대로 배반하지 않는다. 같은 가족으로서 자신이 처한 환경에 대한 이해를 스스로 찾게 될 뿐만 아니라, 늘 강한 줄 알았던 부모가 자신에게 처음 보인 나약한 모습에서 측은지심을 갖고 자신도 부모를 돕기 위해 애쓰려고 한다.

반대로 자녀에게 쓸데없이 참견한다고 윽박지르고 무시한다면 아이는 집안 형편에 좌절한 채 미래의 꿈을 갖기보다 잘못된 길에서 방황할 것이다.

아이는 부모의 사랑을 먹고 자라는 존재다. 부모의 태도에 따라 어린 자녀는 자신의 태도를 결정한다. 초등학생의 금융 교육은 이러한 부모와의 관계에서도 발전된 모델을 형성하게 된다.

초등학생 시절의 금융 교육이 가져오는 효과를 다시 한 번 정리해보면 다음과 같다.

· 부모의 경제적 형편을 이해하게 된다.
· 자신이 부모를 위해 무엇을 해야 하는지 깨닫게 된다.
· 어려서부터 돈을 계획적이고 효과적으로 쓰게 된다.
· 스스로 계획을 세우고 실천해봄으로써 나도 할 수 있다는 자신감을 갖게 된다.

· 경제 활동을 직접 체험해봄으로써 적극적인 성격으로 바뀐다.

이 시기의 금융 교육은 정확히 어떤 기술을 전달하는 것보다는 본격적인 금융 교육에 앞서 돈에 대한 개념과 흐름을 이해하게 하는 것이 좋다.

초등학생의 경우 이론적 사고가 발달되지 못해서 어떤 설명에 대해 이해하는 데 한계가 있을 수는 있지만, 용돈과 관련지어서 돈에 대한 개념과 흐름 따위의 기초적인 금융 교육을 꾸준히 시키면 금융에 대한 사고가 확실하게 자리 잡을 것이다.

이는 관념적 사고가 가능한 청소년기에 이르면 금융 교육의 효과를 배가시키는 훌륭한 토대가 된다. 마치 수학 공부를 잘하기 위해 초등학생 시절에 수없이 계산 문제를 반복하여 기초학력을 다지는 것과 같다.

결론적으로 초등학생 시절의 기초적이고 지속적인 금융 교육은 자녀의 미래에 경제적인 안정과 성공을 가져다주는 토대가 되는 것이다.

높임말을 가르쳐라

금융 교육에 대해 이야기하면서 다소 생뚱맞은 소리일지는 모르겠지만 어린아이에게 가르쳐야 할 것 중에 추천하고 싶은 것이 바로 높임말이다.

요즘에는 자녀를 한두 명밖에 출산하지 않는 데다 너무 귀하게 여기다 보니 부모들은 한결같이 자녀랑 친구처럼 지내기를 원한다. 자녀랑 살갑게 대화를 나누고 몸을 부딪혀가며 장난을 치다 보면 어느새 자녀랑 격의가 없어져서 좋다.

그러나 이것이 뜻하지 않은 부작용을 낳는다. 자녀와 사이좋게 지내는 것은 두말할 필요도 없이 좋지만, 그러다 보니 아이가 어른을 공경할 줄 모르고 자칫 안하무인의 성격으로 바뀔 수도 있다는 것이다.

나는 개인적으로 초등학교 3, 4학년 무렵에 아버지로부터 엄마와 아버지께 높임말을 쓰라는 명령을 받았다. 처음에는 높임말을 쓰는 것이 어색하고 불편했지만 시간이 지나고 보니 그것이 얼마나 교육적으로 효과적인지 충분히 느낄 수 있었다.

부모들은 대개 일정 수준까지, 혹은 기간까지 자신의 철학과 방법에 의해 자녀를 교육하게 된다. 그러나 부모의 교육이라는 간섭이 배척되는 시기는 생각보다 빨리 온다. 사춘기에 접어들고 자의식의 발전으로 반항심이 생기면 자녀는 부모의 간섭을 말 그대로 짜증만 나는 무의미한 잔소리로 생각한다.

엄마들은 아이들과 문자를 종종 주고받는다. 서로 바쁘다 보니 그리고 자녀가 대화를 원치 않다 보니 간단한 글로 의사를 전하는 것이다. 재미있는 것은 엄마가 질문을 하면 자녀의 대답은 항상 단답형이라는 것이다. 가령 '수업 끝나면 일찍 집에 와.'라는 문장에 자녀의 답은 'ㅇㅋ.'가 고작이다. 가끔씩 긴 글자로 답하기도 한다. '어쩌라구.' 또는 '그러든가.'

말에는 상대에 대한 마음이 담겨 있다. 자녀가 부모에게 높임말을 쓴다면 부모가 가지고 있는 권위를 인정하는 것이다. 평소 높임말을 쓰던 자녀가 핸드폰으로 엄마에게 '어쩌라구.' 따위로는 쓸 수 없다.

학교 수업이든 사생활이든 어떤 영역을 불문하고 자녀의 교육에 어려움을 겪는 것은 사실 내용의 부재나 잘못된 방법보다는 자녀와의 소통에서 실패하고 있기 때문이다.

　반말로 부모에게 말하는 자녀는 바꿔 생각하면 부모의 권위를 인정하지 않는 것일 수도 있으므로 듣기 싫고 불편한 것은 쉽게 거절할 수 있다. 하지만 부모에게 꼬박꼬박 높임말을 쓰는 자녀는 부모의 잔소리가 듣기 싫고 불편해도 부모의 권위를 이미 인정하고 있기 때문에 순순히 받아들인다.

　높임말은 금융 교육을 진행하는 데 있어서도 매우 중요한 요소다. 해도 그만 안 해도 그만이라고 건성으로 받아들이는 자녀에게 진지함을 갖게 하여 교육적 효과를 높일 수 있다.

　만약 자녀에 대한 금융 교육에 어려움을 겪고 있다면 자녀의 말투를 바꿔보자. 자녀의 말투가 바뀌는 순간 자녀에게 전달하는 내용은 더욱 힘을 발휘할 것이고, 자녀의 태도도 전과는 확연히 달라지게 될 것이다.

3

성공의
필수 조건이 된 절약

절약 절약 하니깐 마음이 불편한 사람도 있을 것이다.

"나는 삶의 철학이 절약이 아니고 즐기는 것이다. 자녀에게도 넉넉한 환경을 물려줄 수 있다. 궁색하기만 한 절약을 왜 이토록 강조하는 것인가?"라고 할지도 모른다.

누차 언급하지만 올바른 금융 생활의 출발점은 절약에 있으며 성공의 근본 역시 절제에 있다.

효율적인 소비 방법 가르치기

성서에 이런 이야기가 있다. 한 부자가 세 명의 종에게 각각 5달란트(성경에 등장하는 화폐의 단위로 1달란트는 은전 약 25.8kg의 무게에 해당하는 금액), 2달란트, 1달란트씩 맡기며 이렇게 말했다.

"내가 돌아올 때까지 이 돈을 잘 관리해서 이익을 남기도록

하여라."

그러고는 주인은 먼 길을 떠났다. 오랜 시간이 흐른 후 주인이 돌아왔을 때 5달란트를 받은 종은 장사를 통해 다시 5달란트를 남겨 10달란트를 주인에게 되돌려주었다. 주인은 기뻐서 그 종을 칭찬했다. 2달란트를 받은 종도 같은 방법으로 이익을 남겨 주인에게 칭찬을 받았다.

그러나 1달란트를 받은 종은 자신이 제일 적게 받은 것에 불만을 품고 그 돈을 땅에다 묻어둔 채 아무 이익을 남기지 못했다. 그리고 1달란트를 주인에게 다시 돌려주었더니 주인은 그 종에게 '악하고 게으른 종'이라 욕하며 내쫓아버렸다고 한다.

왜 1달란트를 받은 종만 돈을 불리는 데 실패했을까? 만약 다른 두 종처럼 5달란트나 2달란트를 받았다면 1달란트를 받은 종도 열심히 일했을까?

이 일화는 돈을 대하는 태도에 대해 이야기하고 있다. 종들은 액수가 많든 적든 돈을 받은 만큼 열심히 노력해서 재산을 불려야 하는데 한 사람은 그렇게 하지 않았다. 주인은 말한다.

"작은 일에도 충성하지 않는 네게 어떻게 큰일을 맡길 수 있겠느냐?"

이 말은 돈 불리기에 실패한 종에게 많은 돈을 맡겼더라도 그는 제대로 관리하지 못했을 것이라는 질책이다. 또 주인은 작은 일에 충성하면 더 큰일을 맡길 계획을 가지고 있었다. 결국 돈 불리기에 실패한 종은 작은 것에 최선을 다하지 않은 탓에 큰 것을 놓치고 말았다.

절약은 바로 1달란트와 같다. 절약을 하찮은 것이라고 홀대한 다면 더 큰 것, 더 큰 재산을 모을 수 없다. 작은 것을 귀하게 생각하지 못하는 사람은 큰 것 또한 중요하게 생각하지 못한다.

이것이 바로 청소년들이 절약을 실천해야 하는 이유다. 자녀들에게 절약하는 태도를 가르치면 우리의 자녀들은 반드시 성공할 것이다.

미래의 자녀들이 상대하게 될 돈은 용돈의 수준에서 그치지 않는다. 수천억을 가진 거부가 될 수도 있고 우리나라의 경제를 좌지우지하는 거대 사업가가 될 수도 있다. 이러한 것이 모두 절약을 실천한 데서 오는 것이다.

작은 돈이 아니라 큰 돈을 준다면 잘 관리할 수 있다고? 천만에. 그것은 실패한 자들의 한결같은 푸념일 뿐이다.

절약과 지출 관리를 철저히 해온 샘 월튼이 성공할 수 있었던 것처럼 우리 자녀들은 이제 시작에 불과하다. 지출 관리 즉 절약은 불편한 것도 부끄러운 것도 아니다. 자녀들이 성공을 보장받기 위해 당연히 갖추어야 할 태도다.

효율적인
소비 결정 방법

절약하는 방법을 가르치기 위해서는 우선 자녀에게 소비하는 방법부터 꼼꼼히 가르쳐야 한다. 그러나 절약에 대한 의지도 아껴 써야 하는 이유도 찾지 못하는 청소년들을 자극하기란 쉽지 않다. 그런 아이들에게는 원하는 상품을 사는 경우가 발생할 때마다 상황에 따라 적절하게 소비를 결정하는 방법을 알려주는 것이 좋다.

사람들의 소비 행태는, 물론 사람에 따라 다르지만, 다소 이중적인 모습을 보인다. 일반적으로는 저렴하고 좋은 것이 구입의 우선순위가 되지만 때로는 같은 물건을 시장이 아니라 백화점에서 사기를 원하기도 한다. 상품의 가격과 질보다는 그 환경, 즉 어디서 샀느냐에 더 중요성을 두는 것이다. 특히 경제적으로 여유가 있을 때 누구나 이런 소비 결정을 내리는 것에 주저하지 않는다.

하지만 청소년들은 좀 다른 특성을 보인다. 아이들은 경제적 여유가 있는 것도 아니면서 가격을 보고 지출을 결정하는 것이 아니라 철저히 편의성에 기초를 두고 있다. 이러한 소비 태도는 물론 성인들에게도 나타나는 현상이지만 어린 청소년들에게 더욱 빈번하게 일어난다. 아이들이 지출을 결정하는 방법에 대해 제대로 모르고 있기 때문이다.

대형 마트가 있는데도 바로 옆에 있는 편의점이 장사가 잘되는 이유가 무엇일까? 바로 합리적 소비 태도가 아니라 편의성을 우선시하는 소비 태도 때문이다. 아이들은 같은 물건이라도 가격이 다를 수 있다는 원리는 알고 있지만 그것을 실제 생활에서 적용하고자 하는 의지는 매우 약하다고 할 수 있다.

따라서 아이들에게 어떤 물건을 어디에서 어떻게 사느냐에 따라 가격 차이가 날 수 있다는 것을 일깨워주고, 조금의 수고를 감수하면 충분히 적은 돈으로도 원하는 물건을 살 수 있다는 것을 느끼게 해주어야 한다. 다소 귀찮더라도 부모가 직접 자녀를 데리고 다니며 예를 들어 편의점과 대형 마트에서 물건을 사면 가격 차이가 얼마나 나는지를 비교해보는 것도 좋은 교육이 될 것이다.

효율적인 소비 생활을 가르치는 것이야말로 절약 생활을 가르치는 지름길이라는 것을 명심해야 한다.

① 없어도 되는 물건이 아닐까?

간혹 자녀가 친구들이 산다고 덩달아 샀다가 자신에게 필요 없는 것이거나 적절하지 못한 것임을 깨닫고 후회하는 경우를 보았을 것이다. 특히 옷 같은 것은 친구가 사니까 그리고 주위에서 예쁘다고 하니까 들떠서 사게 되지만 결국 자신에게 안 맞거나 너무 비싼 것을 사서 후회하기도 한다.

물건을 사는 가장 기본적인 원칙은 바로 자신에게 꼭 필요한 물건인가 하는 것이다. '꼭 필요한 물건'과 '없어도 되는 물건' 중에 전자에 돈을 지출했다면 현명한 소비를 한 것이 된다. 반면 필요 없는 물건은 아무리 적은 돈을 지출했다 하더라도 아까운 돈임이 틀림없다.

꼭 필요한 물건을 사야 하는 것은 너무나 당연하다. 그러나 종종 아이들은 그 원칙을 지키지 못하는 경우가 있다. 이러한 아이들에게는 소비를 결정하기 전에 반드시 그 물건을 사는 이유를 스스로 확인할 수 있도록 지침을 주는 것이 중요하다.

이때 효과적인 방법이 "없어도 되는 물건이 아닐까?" 하고 묻는 것이다. "이게 필요한 물건이니?" 하고 묻는다면 아이는 사고 싶은 마음에 무작정 그렇다고 대답할 수도 있기 때문이다. 그러나 없어도 되는 물건이 아니냐고 물으면 사려고 하는 물건이 꼭 필요한 것인지를 다른 시점에서 판단하는 계기가 된다. 말 한마디의 차이이지만 소비 결정을 내려야 하는 아이에게 주는 효과는 확연히 다르다.

이런 방법으로도 사야 할지 말아야 할지 명확하게 판단을 내리지 못한다면 구입을 하루 내지 이틀 정도 미뤄보게 하는 것도 도움이 된다. 이틀 동안 곰곰이 생각한 후에 사야겠다는 판단이 서면 즐거운 마음으로 원하는 것을 구입하게 하는 것이 좋다. 그것은 자녀에게 꼭 필요한 물건임이 틀림없기 때문이다. 하지만 꼭 사야 한다는 마음이 사라졌거나 희미해졌다면 구입을 포기해야 한다. 없어도 될 물건일 가능성이 높기 때문이다.

아주 단순한 논리이지만 자신에게 필요한 물건인지를 확인하는 것은 현명한 소비로 가는 첫걸음이다. 가방이 수십 개가 되고 구두가 셀 수 없이 신발장에 그득하지만 여전히 홈쇼핑을 돌아다니며 구두를 보고 있다면 그 사람은 평생 부와는 인연이 없는 사람이다.

"없어도 되는 물건이 아닐까?"는 최적의 소비를 결정하는 데 자녀에게 가장 효과적인 질문이다.

둘째 아들은 게임을 좋아한다. 장래 희망조차 게임프로그래머라고 말한다. 집에는 닌텐도 게임 칩이 수없이 많다. 칩이 많다고 해도 그것을 다 하는 것은 아니다. 사서 불과 1~2주 갖고 놀다가 흥미가 떨어지면 대부분 박스에 넣어둔 채 거들떠보지도 않는다. 그리고 또 다른 게임 칩을 찾는다.

나는 아이에게 제안했다.

"게임 칩을 가지고 있는 다른 친구들과 바꾸면 더 많은 게임을 할 수 있고 용돈도 절약할 수 있지 않겠니?"

그 이후론 게임 칩을 사는 데 돈이 들지 않았다. 대신 게임 칩이 이전보다 더 많이 늘어났다. 친구들이 흥미가 떨어져서 버린 것을 모아오다 보니 박스에 가득 찼다. 저 많은 게임 칩을 다 해 보고 흥미가 떨어질 때까지 기다려야 하는 문제를 제외하곤 만족스러운 결과가 되었다.

② 저렴하게 파는 곳은 어디일까?

물건을 사기로 결정했다면 다음으로 좀 더 싸게 파는 곳은 어디인지를 알아봐야 한다. 어떤 물건이든 대체로 생산자, 도매상, 소매상이라는 단계를 거쳐 소비자의 손에 들어온다. 그리고 이러한 과정을 거치는 동안 운반비와 중간 이익이 붙어 물건의 가격은 점점 올라가게 된다.

물론 그 과정들을 생략할 수 있다면 물건을 좀 더 싸게 구입할 수 있다. 가령 동네 가게보다 도매상을 거치지 않고 생산자에서 소매상으로 바로 넘어오는 할인 마트 등을 통해 구입하면 도매상을 거치지 않은 만큼 싸게 살 수 있다. 또한 도·소매상을 거치지 않고 아예 생산자로부터 직접 구입한다면 각 유통 단계별 이익이 없어져서 더욱 저렴하게 구입할 수 있다.

그러나 이 모든 것들은 좀 더 저렴하게 구입하고자 하는 노력이 뒷받침될 때 비로소 가능하다. 흔히 말하는 발품을 팔아서라도 좀 더 저렴한 것을 찾기 위해 노력하지 않으면 유통 단계별로 중간 상인에게 돌아가는 이익을 줄인다는 것은 애초에 불가능하다.

그런데 요즘 청소년들은 하다못해 할인 마트에서 물건을 사는 경우도 쉽게 볼 수가 없다. 생활 패턴이 다르고 엄마나 아줌마들이 가는 곳을 드나들기가 선뜻 내키지 않기 때문일 것이다.

하지만 외국에서는 청소년들도 할인 마트에 가서 물건을 사는 경우를 종종 볼 수 있다. 아르바이트를 하면서 돈에 대한 가치를 온몸으로 느끼고, 가정 내에서의 적절한 교육으로 인해 스스로 효율적인 지출을 결정할 수 있기 때문이다.

그에 반해 우리나라 청소년들은 경제적인 자립을 이루지 못했음에도 불구하고 백화점 선호와 같은 왜곡된 소비 성향을 보이는 것은 제대로 된 소비 결정 시스템을 습득하지 못하고 있기 때문이다.

신문에 청소년들의 잘못된 소비 행태에 대해 보여주는 재미있는 사회적 현상을 다룬 기사가 있었다.

최근에 1990년대 이후 거의 사라진 전당포가 다시 살아나고 있다고 한다. 그런데 황당한 것은 전당포의 주 고객이 20대 청년들이라는 것이다. 20대 청년들은 자신의 소득으로는 감당할 수 없는 소위 명품이라는 핸드백이나 가방을 구입하기를 주저하지 않는다. 나중에야 어찌 되든 상관 않고 일단 신용카드로 명품 가방을 사고 본다.

더 심각한 문제는 구입한 명품 가방에 맞는 과소비가 이어진다는 것에 있다. 비싼 가방을 들고 라면을 먹으러 다닐 수 없으니 고급 레스토랑에서 식사를 한다. 또 명품 백에 걸맞은 비싼 옷을 사야 한다. 소득을 뛰어넘는 소비를 하고 있으니 부채는 늘어날 수밖에 없다. 결국에는 신용불량자가 되고 핸드백은 전당포로 간다.

청소년 자녀들에게 올바른 소비습관을 심어주지 않으면 이와 같은 일이 불과 몇 년 안에 닥쳐올 수 있다. '크면 알아서 하겠지.' 하고 부모들은 쉽게 생각하는 경향이 있는데, 현실로 나타나는 청소년의 소비 행태는 부모의 기대를 무참하게 저버리곤 한다.

같은 상품을 구입하는 데 있어 더 많은 비용을 지불한다면 경제원칙을 알지 못하거나 돈이 주체할 수 없이 많은 것 중 하나일 것이다. 그것이 무엇이든 자녀에게는 올바른 금융 교육이 아니다.

③ 할인 시기를 이용하라

물건을 싸게 사는 요령에는 물건을 저렴하게 파는 장소를 선택하는 방법이 있고, 다른 하나는 저렴하게 파는 시기를 선택하는 방법이 있다. 만일 시간적인 제약이나 기타 사정으로 인해 저렴하게 파는 곳을 찾아다니지 못하거나 사고자 하는 것을 꼭 백화점에서 구입하기를 원한다면 할인 판매 시기를 이용하는 것도 도움이 된다.

백화점이나 할인 마트 같은 곳은 1년마다 일정 시기를 정해놓고 할인 행사를 한다. 이 시기를 이용한다면 품질이 좋은 물건을 저렴하게 구입할 수 있다.

여기서 한 가지 생각해봐야 할 것이 있다. 바로 모든 상품을 무조건 싸게 구입하는 것이 능사는 아니라는 점이다. 싸고 품질이 좋은 것도 있지만 가격이 높은 것은 그만큼 품질이 좋다는 말도 되기 때문이다.

예를 들어 구두를 샀는데 저렴하지만 품질이 좋지 않아서 자주 바꿔 신어야 한다면 그것은 효율적인 소비라고 할 수 없다. 다소 비싸더라도 좋은 구두를 사서 오랫동안 신을 수 있다면 그 구두는 신는 사람에게 소중한 물건이 될 수 있을 뿐만 아니라, 오래 신은 만큼 경제적인 이익도 가져올 수 있다.

따라서 비교적 품질을 믿을 수 있는 백화점 같은 곳에서 파는 물건을 할인할 때 이용해서 구입한다면 좋은 물건을 싸게 살 수 있는 현명한 소비 생활이 될 수 있다.

④ 구입 수단의 구분과 활용

구입하는 수단에 있어서도 현금으로 지불할 것이냐 신용카드로 결재할 것이냐 또는 일시불이냐 할부냐에 따라 비용에 약간씩 차이가 있다.

일반적으로 판매자는 일시불 현금 결제를 선호한다. 특히 매장의 규모가 작을 경우에는 더욱 그렇다. 때문에 소비자가 현금으로 물건 값을 지불하게 되면 할인을 해주는 경우도 있다. 그럴 경우에는 당연히 현금 구매가 유리하다.

그러나 물건 값이 비싸서 아이들의 용돈으로는 한 번에 지불하기가 부담스럽거나 현재 가지고 있는 현금이 없다면 어떻게 해야 할까?

이 경우 신용카드를 활용하여 할부로 구입하는 방법이 있다는 것을 자녀에게 가르쳐준다. 단, 신용 구입에 따른 이자가 발생할 수 있다는 것을 반드시 설명해주어야 한다. 즉, 신용카드를 써서 할부로 물건을 사면 매달 적은 금액만 갚아 나가도 되는 장점이 있지만, 그에 따른 이자를 부담해야 한다는 단점도 있다는 것을 설명해주어서 신용카드 사용의 남발을 사전에 차단해야 한다.

또 외상이면 소도 때려잡는다고, 신용카드 구매가 자제력이 약한 자녀를 자칫 낭비로 이끌 수도 있다. 따라서 신용카드로 물건을 구입하게 할 때도 그 물건을 사고 나면 매달 얼마를 할부금으로 내야 하고, 할부금을 내는 동안에는 자녀가 쓸 수 있는 용돈이 얼마로 줄어드는지도 확실하게 인식시켜 주어야 한다.

자녀로 인해 발생되는 모든 경제 행위가 자녀에 대한 교육으로 이어져야 하는 것은 말할 것도 없다. 성인이 되면 신용카드는 누구나 한두 장쯤 사용하게 마련인데, 청소년기에 신용카드의 올바른 사용법을 익힌다면 성인이 되고 나서도 신용카드를 적절히 활용하여 절약 생활을 할 수 있을 것이다.

⑤ 구입 방법의 결정

물건을 구입하는 가장 기초적인 원칙은 구입할 물건을 직접 확인하고 최종 구입을 결정하는 것이다. 그러나 인터넷이 발달한 요즘은 웬만한 물건은 온라인상에서 구입하는 경우가 많다. 전자제품과 같은 공산품은 물론이거니와 사과와 같은 농산물도 인터넷으로 사는 세상이 되었다.

특히 아이들은 이런 환경에 훨씬 익숙해서 스스럼없이 인터넷을 통해 물건을 산다. 아이들에게 쇼핑을 위한 시간이 그리 많지 않다는 것도 인터넷을 주로 이용하는 이유가 되기도 한다.

그런데 가끔은 화면으로는 좋아 보이고 그럴듯해서 믿고 구입한 물건이 막상 상품을 받아 보니 생각했던 것보다 디자인이나 품질이 좋지 않아서 실망하는 경우가 있다. 때문에 자녀들이 구입하고자 하는 물건에 따라 구입하는 방법도 구별해주는 것이 도움이 된다.

· 전자제품

먼저 청소년들이 가장 선호하는 전자제품과 같은 것은 원하는 디자인과 기능 그리고 가격 등을 판매 대리점을 방문하여 직접 조사해보고 실제 구입은 인터넷이나 할인점 등을 이용하는 것이 좋다.

전자제품은 디자인과 품질에 편차가 거의 없기 때문에 유통마진이 상대적으로 적은 인터넷을 활용하는 것이 유리하기 때문이다.

· 옷, 신발

반면에 옷, 신발과 같은 것은 반드시 직접 확인하고 마음에 드는 것을 현장에서 구입하게 하는 것이 현명하다. 같은 브랜드의 같은 제품이라도 인터넷 쇼핑몰에서는 팔지 않을 수도 있고, 고가의 명품 제품 중에는 간혹가다 소위 말하는 짝퉁을 파는 곳도 있기 때문이다.

또 옷이나 신발과 같은 것은 치수가 생산 회사마다 다르기 때문에 직접 입고, 신어봐야 몸에 맞는 것을 제대로 고를 수 있다.

더구나 품질에 하자가 있는 경우에도 실제로 보지 않으면 확인할 수 없기 때문에 인터넷으로 사기에는 불편한 점이 많다.

· 도서, 학용품

참고서를 비롯한 도서와 학용품은 인터넷으로 구입해도 매장에서 구입하는 것과 별반 다르지 않기 때문에 인터넷 구매를 권장한다. 다만 물건 값이나 쇼핑몰에 따라 배송료가 붙는 경우가 있으므로 배송료가 붙어도 문구점이나 서점에서 살 때보다 저렴한지 꼼꼼히 따져보아야 한다.

· 기타 고급 제품

이외에도 고가의 기타 고급 제품들은 한번 구입하게 되면 1년, 2년이 아니라 적게는 5년에서 10년은 사용해야 하기 때문에 처음에 살 때 가능하면 디자인이나 색깔 등이 마음에 들고 품질이 좋은 제품을 직접 눈으로 확인하고 구입하는 것이 좋다.

이것이 바로 진정한 의미의 절약이다. 절약은 적은 비용으로 물건을 사는 것이기도 하지만, 오래 쓸 수 있는 물건을 사는 것도 절약이다. 두말하면 잔소리이겠지만 좋은 것을 저렴하게 구입하는 것이 바로 가장 현명한 지출이다.

절약의 또 다른 교육
아르바이트

자녀로 하여금 돈의 귀중함을 깨닫게 하고 소비의 합리성, 절약의 중요성을 알게 하는 가장 효과적인 방법은 역설적이게도 직접 일해서 돈을 벌어보게 하는 것, 즉 아르바이트다.

자녀는 아무리 집에서 부모가 금융 교육을 철저하게 시켜도 공부에 대한 중압감으로 인해 대부분 귓등으로 흘려듣기가 일쑤다. 그렇기 때문에 가정에서 부모가 지속적으로 금융 교육을 시켜야 한다고 말했지만, 백문이 불여일견이라고 직접 돈을 벌어보게 하는 것만큼 자녀의 경제관념을 성장시키는 데 효과적인 것은 없다.

아르바이트는 또 자녀가 부모의 노고를 이해하고 노동의 신성함을 배우는 가장 효과적인 수단이다.

어느 것이나 마찬가지이겠지만 이론으로만 배우는 지식은 절대로 경험이 동반된 지식을 따라가지 못한다. 특히 금융 교육은 반드시 일상생활에서 활용되어야 할 것을 전제로 하여 쌓게 하는 금융적 지식이기에 직접 해보는 것이 더욱 중요하다. 그중에서도 돈을 벌어보게 하는 것은 그 어느 것보다 중요한 금융 교육이 되겠다.

① 아르바이트의 의의

우리나라 청소년들은 돈을 쓰는 것부터 배운다. 교육의 모든 목적이 오로지 대학 입시에 맞춰져 있어서 대학에만 들어가면 자녀로서의 역할을 100% 수행한 것으로 인정받는다. 용돈은 받아서 쓰기만 하면 되고 돈을 버는 것은 청소년 자신은 물론 부모도 바라지 않는 일이다.

하지만 돈을 버는 행위는 돈에 대한 가치를 재정립하게 한다. 부모로부터 쉽게 받은 돈은 중요하다는 인식이 없기 때문에 돈에 대한 가치 따위는 생각하지도 않고 쉽게 써버린다.

그러나 스스로 벌어서 쓰는 돈이라면 같은 돈, 같은 액수라도 자신이 그 돈을 벌기 위해 얼마나 고생했는지 알기 때문에 쉽게 써버리지 못한다. 비로소 돈에 대한 가치를 깨닫고 돈을 소중히 여기게 된 것이다.

또 스스로 번 돈에 대한 소중함은 소비를 결정하는 데 큰 영향을 미친다. 부모에게 쉽게 받은 용돈은 일주일 만에 없어지지만, 아르바이트를 통해 번 돈은 더 값지게 사용하겠다는 의지를 갖게 해준다. 당연히 현명한 소비를 기대할 수 있다.

아르바이트를 하기에 좋은 시기는 고등학생 때다. 중학생 때 혹은 더 어린 나이 때부터도 아르바이트야 할 수 있지만, 그 무렵은 아직 자신을 컨트롤하는 능력이 부족하고 사회에 대한 적응력도 떨어지는 시기라 아르바이트를 하는 본래 목적을 달성하기가 어렵다. 자칫 시간만 허비하고, 돈에 대한 잘못된 인식을 심어줄 수도 있다.

그러나 고등학생쯤 되면 어느 정도 자신에 대한 컨트롤과 판단이 가능한 나이이다. 사회 적응력도 어느 정도 훈련이 되어 달라진 환경에서도 쉽게 적응하며 자신의 능력을 충분히 발휘할 수 있다.

그렇다고 함부로 아르바이트를 선택해서는 안 된다. 고등학생 때는 무엇보다도 나이에 맞게 할 수 있고 법적인 보호 장치가 있는 일을 선택하는 것이 좋다.

자, 그러면 어떻게 아르바이트를 선택해야 할까?

② 좋은 아르바이트를 선택하는 요령

아르바이트를 선택할 때는 우선 아이가 좋아하고 아이의 능력으로 할 수 있는 것과 관계된 일을 찾는 것이 좋다

아르바이트도 엄연히 일이다. 돈만을 목적으로 하는 것보다 즐겁고 보람을 찾을 수 있는 일이라면 더욱 유익할 것이다.

우리나라 외식업계의 선두주자 중 하나인 아웃백 스테이크하우스의 대표이사는 외식업이 너무 좋아서 자장면 배달부터 시작한 끝에 지금의 대표이사의 자리까지 올랐다고 한다.

IMF 시절 회사는 부도를 맞아 도산했지만 그는 굴하지 않고 미국을 돌아다니며 투자자금을 받아 결국 회사를 우리나라 최고의 외식업체로 성장시켜 놓았다. 이처럼 그가 혹독한 시련을 맞고도 끝까지 포기하지 않고 회사를 다시 살릴 수 있었던 것은 바로 자신이 좋아하는 일을 하고 있었기 때문이다.

아르바이트도 마찬가지다. '단지 한두 달 정도 할 일인데 보수만 많으면 되지 않나?' 하고 생각할 수도 있지만, 절대로 그렇지 않다.

미국에서는 선거 사무실에서 아르바이트를 한 경험이 아이의 미래의 꿈을 결정하게 한 사례도 있고, 청소년 시절 아르바이트를 한 경험을 살려 창업에 도전하는 사례는 부지기수다.

짧게는 한두 달의 시간에 불과하지만, 그 시간의 경험은 아이의 인생을 자극하기에 충분하다. 위에서 예로 든 모든 것이 같은 일이라도 자신이 좋아하고 자신의 능력에 맞는 일을 했기 때문에 아르바이트의 경험적 효과가 극대화된 결과다.

이처럼 잘할 수 있는 일, 즐겁게 할 수 있는 일을 찾는다면 아르바이트를 통해 용돈만이 아니라 자녀의 적성과 미래에 대한 꿈을 찾을 수 있을지도 모를 일이다.

그런데 여기서 한 가지 말해두고 싶은 것은 좋아하고 잘하는 일을 고를 수 없다고 해서 아르바이트를 포기해야 하는 것은 아니라는 점이다.

아르바이트의 우선 목적은 일의 신성함과 돈의 가치를 스스로 체험하게 하는 데 있다. 주유소나 편의점 아르바이트라도 그것이 목적을 달성하는 데 도움이 된다면 올바른 선택이다. 좋아하는 일과 관련된 것을 선택할 수 있다면 더할 나위 없이 좋겠지만 그렇지 않더라도 아르바이트는 충분히 할 만한 가치가 있다.

③ 처음 아르바이트는 잘 선택하라

무슨 일이든 처음이 중요하듯이 아르바이트도 처음 어떤 일을 하느냐가 매우 중요하다. 따라서 첫 아르바이트는 심사숙고해서 잘 선택해야 한다. 왜냐하면 아르바이트도 경력이 될 수 있어서 처음 하게 된 일이 무엇이냐에 따라 다음 일도 같거나 비슷한 일을 하게 될 가능성이 높기 때문이다.

만일 어떤 회사에서 아르바이트를 구한다면 처음 그 일을 하는 사람보다 이전에 비슷한 경력이 있는 사람을 더 좋아할 것이다. 이미 해본 일이라 생산성도 높을 것이고 업무 파악도 빨리 할 것이라고 생각하기 때문이다.

아르바이트를 하는 입장에서도 다음 일을 구할 때 전에 해본 일이라면 경력으로 인정받을 수 있어서 쉽게 아르바이트 자리를 구할 수 있다.

반대로 나이에 맞지 않는, 소위 말하는 미성년자의 출입이 통제되어 있는 곳에서의 아르바이트는 나쁜 영향을 미칠 가능성도 크다는 것을 알아야 한다.

예를 들어 술집에서 아르바이트를 시작한다면 계속 비슷한 업종에서 일하게 될 가능성이 높아 청소년 시기의 아이에게 정서적으로 나쁜 영향을 미치는 것은 불을 보듯 뻔하다.

왜냐하면 사람은 환경에 영향을 받기 때문이다. 술 마시는 사람을 지속적으로 대하는 일을 하게 된다면 자신의 의지가 아무리 강하다 할지라도 결국엔 술을 가까이 하게 될 것이고 술과 연관된 좋지 못한 것에 스스로를 던지게 될 것이다.

이것은 용돈을 마련하려다가 인생 자체를 망치는 어마어마한 실수를 저지르는 것과 같다고 할 수 있다. 인생에 도움이 되지 않는 아르바이트는 차라리 하지 않는 것이 낫다.

④ 학업에 지장을 주지 않는 아르바이트를 선택하라

청소년의 의무는 공부다. 공부는 인생을 살아가는 데 필요한 지식과 소양을 배우는 것이다. 초등학교를 졸업하고 중학교에서부터 고등학교, 대학교까지 약 6년에서 10년 정도가 인생에 있어서 매우 중요한 것을 배우는 시기가 된다.

이 시기의 공부는 남은 삶의 방향과 질을 결정하게 된다. 이 소중한 시간을 아르바이트를 하느라 공부에 전념하지 못한다면 이것은 올바르지 않다. 아르바이트는 언제든지 할 수 있지만 공부는 해야 하는 시기가 정해져 있다.

아르바이트 때문에 공부를 등한시한다면 주객이 전도된 것이며 무엇이 주고 무엇이 종인지를 판단하지 못하는 것과 같다. 마치 소탐대실과 같아서 작은 것을 취하려다가 결국엔 큰 것을 잃고 마는 것과 같다고 할 수 있다.

아르바이트는 아무리 좋은 일이라도 공부하는 데 지장이 없는 시간과 장소를 선택해서 해야 한다.

더불어 아르바이트를 선택하는 데 있어 보수도 고려해야 할 사항이다. 같은 일을 하더라도 다른 곳보다 조금 더 보수가 많다면 성취도가 더 높을 것이고 아르바이트를 하면서 배우고자 하는 마음가짐도 새로울 것이다.

⑤ 양심에 거리끼는 일은 피하라

아무리 보수가 많고 근무 조건이 좋다고 하더라도 양심에 거리끼는 일이라면 그 일을 해서는 안 된다.

아르바이트의 궁극적인 목적은 폭넓은 경험을 통해 아이의 인생을 살찌우는 것에 있다. 그런데 양심에 거리끼는 일을 한다면 그것은 인생을 살찌운다고 할 수 없다. 오히려 두고두고 아이의 마음에 짐이 될 가능성이 높다.

양심에 거리끼는 일이 처음엔 별로 대수롭지 않게 여겨질 수도 있다. '이까짓 게 뭐 문제가 되겠어?' 하고 심각하게 생각하지 않기가 쉽다. 그러나 마치 생쥐가 야금야금 치즈 한 덩어리를 다 먹어치우듯이, 양심에 거리끼는 일은 조금씩 아직 때가 묻지 않은 아이의 마음을 검게 물들여 아이의 인생관 자체를 비틀어버릴 수도 있다.

그렇다면 아이가 양심에 거리끼는 일을 하는지 어떻게 알아볼 수 있을까?

일반적으로 보수가 너무 많은 일은 좋지 못한 일일 가능성이 높다. 평균치보다 혹은 다른 곳보다 훨씬 많은 돈을 준다고 아르바이트로 유혹한다면 아이가 해야 할 일이 무엇인지 반드시 분명하게 확인해보아야 한다. 아이의 인생이 달린 문제일 수도 있으니 그 정도 수고쯤은 부모라면 충분히 할 수 있을 것이다.

다시 말하지만 아르바이트는 아이에게 경험을 쌓게 하고, 돈의 가치를 알려주고, 더불어 아이의 적성을 찾아보는 것이 목적이다. 불법을 저지르거나 양심을 어겨가면서까지 돈을 벌고 경험을 쌓을 필요는 절대로 없다.

간혹 아이들 중에서 올바르지 못한 아르바이트를 하는 경우가 있다. 이런 아이는 대개 부족한 용돈을 충당하기 위해서 부모

몰래 아르바이트를 하기 때문에 도덕적으로 옳지 못한 일을 자신도 모르게 선택하는 것이다.

아르바이트를 하고자 하는 아이는 부모님과 선생님으로부터 무슨 일이 있어도 사전에 조언을 구해야 한다. 어른의 입장에서 보면 분명히 자신과는 다른 측면이 보이기 때문이다. 또 부모님이나 선생님도 아이가 아르바이트를 하려고 할 때는 아이에게 모든 것을 맡겨두지 말고 충실한 조언자의 역할을 해줘야 한다.

어른들 몰래 아르바이트를 하면 아르바이트의 다양한 교육적 목적을 기대할 수 없을 뿐만 아니라 자칫 아이의 인생에 나쁜 영향을 끼칠 수도 있다.

⑥ 근로계약서를 문서화하라

아르바이트를 통해 자녀가 해야 할 일이나 맡은 업무의 영역에 대해 분명히 구분해야 할 필요가 있다면 근로계약서를 문서화하는 것이 좋다. 또 근로계약서에는 임금, 근로시간, 휴일, 휴가 그리고 업무내용을 규정하도록 되어 있기 때문에 부당한 대우 등 법적인 문제가 발생했을 때 근로계약서가 그에 대비할 수 있는 근거가 된다.

간혹 업체에서 아이들이 어리다는 이유로 업무 영역이나 보수 등을 정확히 언급하지 않고 아르바이트부터 시켜서 유사시에 아이들이 책임을 떠안게 되거나 턱없이 적은 임금을 받게 되는 경우가 있다.

예를 들어 불량품이 발생했을 때 누가 그 일을 했는지 규명해야 하는데 맡은 일의 영역이 애매하다면 본의 아니게 피해를 볼 수도 있다. 또 임금의 경우도 노동부에서 규정하는 최저 임금조차 보장하지 않는 업체가 많기 때문에 근로계약서를 통해 반드시 확인해두어야 한다.

Key point

아르바이트를 선택하는 요령

· 좋아하고 잘할 수 있는 일을 선택한다.

· 경력에 도움이 되는 일을 선택한다.

· 학업에 지장을 주지 않는 일을 선택한다.

· 보수가 많은 일이 성취도에 도움이 된다.

· 양심에 거리끼는 일은 피한다.

· 필요하다면 문서화하라.

· 부모님, 선생님에게 조언을 구하라.

소비자의
8대 권리

1. 안전할 권리

   상품과 용역에서 발생될 수 있는 신체 및 재산상의 위해로부
   터 안전할 권리.

2. 알 권리

   올바른 소비생활을 위한 지식 및 정보를 제공받을 권리.

3. 선택할 권리

   상품과 용역의 사용에 있어서 상대방, 구입장소, 가격 등을
   선택할 권리.

4. 의견을 반영할 권리

   정부나 기업체에게 소비자의 의견을 반영시킬 수 있는 권리.

5. 피해를 보상받을 권리

   소비자가 피해를 입었을 경우 보상받을 수 있는 권리.

6. 교육을 받을 권리

합리적인 소비 생활을 위한 교육을 받을 권리.

7. 단체를 조직하고 활동할 권리

소비자 스스로 자신들의 권익을 위하여 단체를 조직하고 이를 통하여 활동할 수 있는 권리.

8. 안전하고 건강하고 쾌적한 환경에서 생활하고 소비할 권리

쾌적하고 안전하게 소비 생활을 할 권리.

4

용돈 협상이라는
교육

부모와 자녀 간에 이루어지는 용돈 협상을 통해서는 많은 교육적 효과를 기대할 수 있다. 자녀의 논리력 증대, 합리성과 인내심, 자제력을 키울 수 있는 것은 말할 것도 없거니와 부모와 가정의 형편을 이해하는 데 매우 중요한 역할을 하여 가정 내에 화목한 분위기를 조성해주는 부수적인 효과도 얻을 수 있다.

용돈 협상의 필요성

아이들은 늘 용돈이 부족하다고 한다. 그때마다 무조건 아껴 쓰라고 주문하는 것은 능사가 아니다. 아이는 용돈이 부족하거나 자신이 사야 할 것이 있으면 그 자금을 확보하기 위해 부모에게 막무가내로 떼를 쓰는 경우가 있다.

문을 걸어 잠그고 농성하고, 때로는 애원을 하며 원하는 것을 얻어내려고 한다. 그러다 보면 결국 부모들이 먼저 지쳐서 "그래 너 하고 싶은 대로 해." 하고 체념하고 말지만 마음은 씁쓸하기만 하다. '꼭 저렇게까지 해서 용돈을 받아가야 할까?'라는 생각까지 든다.

그러나 아이들의 이런 행동은 힘들더라도 처음에 꼭 바로잡아주어야 한다. 분명한 것은 아이가 애원한다고 해서 부모가 쉽게 지갑을 열어 용돈을 주어서는 절대로 안 된다는 것이다.

만약 이렇게 쉽게 용돈을 주게 되면 아이는 돈의 가치를 깨닫지 못하고 돈을 물 쓰듯 펑펑 쓰면서 필요할 때마다 돈을 달라고 할 테고, 부모의 입장에서도 돈을 쉽게 줌으로써 자녀 교육의 중요한 수단 하나를 잃게 되는 것이니 부모와 자식 양쪽 모두에게 나쁜 영향을 미치는 것은 분명하다.

이럴 때 부모는 적절한 방법을 통해 용돈을 보충해주거나 또는 보충할 수 있는 방법을 알려주어야 자녀에게 용돈 관리의 동기가 부여된다.

그러면 아이가 용돈이 부족하다고 할 때 어떻게 대응해야 할까? 아이에게 동기를 부여하면서 부족한 용돈을 보충해줄 수 있는 방법에는 어떤 것이 있을까?

가장 좋은 방법이 용돈 협상이다. 아이가 용돈이 부족하다고 지속적으로 호소한다면 용돈 액수가 정말로 부족한 것은 아닌지 먼저 확인할 필요가 있다. 용돈 기입장을 살펴보면 자녀의 용돈 상황을 쉽게 파악할 수 있는데, 용돈을 올려주어야 되는 것으로 판단되어도 무작정 올려주는 것이 아니라 협상을 통해 교육적 효과를 노리는 것이 좋다.

이 외에 특별한 지출로 인해 단기적 용돈의 부족이라 판단되면 아르바이트나 가정에서 감당할 수 있는 일을 통해 대가성으로 용돈을 추가 지급하는 것이 좋다.

자녀와 협상하라

자녀의 용돈을 올려줄 때 가장 좋은 방법은 자녀와 용돈 인상에 대해 협상을 벌이는 것이다. 자녀는 용돈이 부족하다고 하고 부모는 교육적 목적에서라도 넉넉하게 줄 수 없다. 이것을 원만하게 해결하기 위한 가장 좋은 방법이 바로 부모와 자녀 간의 협상이다.

자녀와 용돈 인상에 대해 협상을 벌일 때는 자녀에게 용돈이 왜 부족한지 설명할 수 있는 기회를 줘야 한다.

직장인들도 회사에 들어가거나 이직을 할 때 또는 매년 일정 시기에 회사와 연봉 협상을 한다. 자신의 능력을 얼마에 살 것인지를 제시하면 회사에서는 그 능력이 얼마의 가치가 있으며 회사에 어떻게 도움이 될 것인가를 계산하여 연봉을 결정하게 된다. 이것이 협상이다.

그럼, 자녀와의 용돈 협상에서 부모가 주의해야 할 것들에 대해 알아보겠다.

우선 부모는 협상의 가이드라인을 정해둘 필요가 있다. 자녀의 요청을 어느 정도의 선에서 들어줄 것인지, 자녀의 인상 요구가 타당한지, 그리고 이 협상을 통해 자녀가 얻게 될 경험적 지식은 무엇인지 등을 생각해보아야 한다. 협상을 통해 자녀가 얻게 될, 또는 자녀에게 전달해야 될 가치를 염두에 두어야 하는 것은 이것이 협상을 진행하는 데 있어서 중요한 방향을 제시하기 때문이다.

다음으로 협상 과정에서 지켜져야 할 몇 가지 기준을 정해두는 것도 필요하다. 부모가 자녀에게 높임말로 대화를 할 것인지 반말로 할 것인지를 정해두는 것조차 협상에 영향을 미친다. 협상이란 대등한 입장의 만남이라는 것을 감안할 때 높임말로 하는 것도 효과적이다. 반말도 무리는 없겠으나 부모의 높임말은 협상에 임하는 자녀의 태도를 교정할 수 있으며 부모의 감정을 제어할 수 있는 장점이 있다.

세 번째로 주의할 것은 부모는 반드시 논리적이어야 한다는 것이다. 협상이 논리에서 비켜간다면 그 협상은 자녀로부터 신뢰를 얻지 못하게 될 것이다. 부모가 논리적이어야 협상도 논리적으로 이루어질 수 있고, 자녀에게도 논리적일 것을 요구할 수 있다.

또한 협상은 반드시 평화적으로 끝나야 한다. 부모와 자녀는 노사관계가 아니다. 자신의 감정을 제어하지 못해서 순간적으로 감정을 폭발시키는 부모는 적어도 금융 교육에서는 성공할 가능성이 매우 낮다. 자녀를 사랑하는 만큼 차분해져야 한다.

마지막으로 자녀도 자신의 요구를 관철시키기 위해서는 나름대로 논리가 있어야 한다. 예를 들어 지난번 받았던 용돈이 어떻게 사용되었고 그 금액이 왜 부족한지 용돈 기입장이나 예산서 등의 자료를 구체적으로 제시할 수 있어야 한다. 이런 자료는 용돈 협상에 있어서 기초적인 자료라고 할 수 있다. 부모는 협상 이전에 자녀에게 이런 자료의 필요성을 설명하고 미리 준비할 수 있도록 이끌어주는 것이 중요하다.

용돈 협상의 요점은 자녀가 부모를 자신의 논리로 설득하는 것이다. 그런데 어떤 논리가 받아들여지기 위해서는 그것을 뒷받침하는 자료가 치밀해야 한다. 부모는 자녀에게 이런 자료 없이 용돈 인상을 요구하는 것은 부모 입장에서 막연하게 들릴 수도 있고, 그만큼 용돈이 인상될 확률도 떨어질 수 있다는 것을 분명하게 설명해주어야 한다.

이처럼 용돈은 협상을 통해 인상이 결정되어야 한다. 자녀와의 용돈 협상 이면에는 다양한 교육적 목적이 감춰져 있는데, 그렇기 때문에 용돈 협상은 자녀는 물론 부모를 자녀 교육적 측면에서 한층 성장시킬 것이다.

용돈 협상의 과정

일단 용돈 협상에 들어가면 부모는 모든 감각과 능력을 총동원하여 자녀가 논리를 펼칠 수 있도록 도와주어야 한다. 명분은 협상이지만 목적은 자녀의 논리성, 언어구사, 자료 사용 등 모든 능력을 종합적으로 성장시키는 데 있다는 것을 명심해야 한다.

① 타당성을 요구하라

부모는 용돈 협상에서 먼저 자녀에게 용돈이 얼마로 인상되기를 원하는지, 그 이유와 인상해주는 대가로 무엇을 희생할 수 있는지를 들어봐야 한다. 또 자녀의 답변이나 자녀가 제시하는 근거 자료가 다소 부족하더라도 그 수준에 맞게 대응해주는 것이 필요하다. 협상은 다음에도 있을 수 있고 그만큼 자녀의 수준도 성숙해 있을 것이기 때문이다.

여기서 중요한 것은 자녀와의 용돈 협상이 금액을 적게 올리는 데 목적이 있는 것이 아니라는 점이다. 용돈 인상에 대해 협상하는 것은 협상에 임하는 자녀의 태도와 논리성 그리고 합리성을 자극해서 그것들을 향상시키는 데 있다.

자녀가 그동안 용돈 기입장과 매달 예산안을 꾸준히 작성해 왔다면 자녀는 용돈 인상의 타당성을 서면으로 제시하며 자신의 요구를 관철시키고자 할 것이다.

이것이 자녀가 용돈 협상에 임하는 가장 바람직한 모습이다. 자녀의 합리적인 논리 전개는 단순히 용돈 금액을 결정하는 데 도움이 될 뿐만 아니라 성숙한 인격의 바탕이 되는 멋진 시도라 할 수 있다.

만약 자녀가 용돈을 관리하는 자료를 미처 준비하지 못했다면 다음 협상을 위해 지금부터라도 자료를 기록할 수 있도록 유도해야 한다. 용돈 협상의 궁극적인 목적은 바로 이러한 태도를 유발하고 발전시키는 데 있다. 이것은 고스란히 자녀의 성공적인 사회생활로 이어질 가능성이 크다.

② 한 번에 결론내지 마라

우리나라 사람들은 성격이 급해서 뭐든지 단번에 결론을 내리고 한다. 하지만 자녀와의 용돈 협상에서는 좋은 방법이 아니다.

용돈 협상은 일 년에 한 번, 아니면 필요할 때마다 할 수 있다.

그리고 직장에서도 임금 동결이 있듯이 용돈도 동결될 수 있다. 협상할 때마다 용돈 인상이 쉽게 결정된다면 자녀는 용돈을 올려 받는 것을 단순한 통과의례로 생각할 수 있다.

용돈 협상이 실패하는 경우는 부모와 자녀가 서로 화를 다스리지 못할 때다. 부모는 자녀의 요구가 얼토당토않고 자녀는 부모가 자신의 말을 들어주려고 하지 않는다고 생각한다. 한 번에 결론을 내려는 마음에 무조건 밀어붙이며 서로의 주장을 굽히지 않는다.

만일 오늘 원하는 만큼의 결론이 나지 않았다면 다음 협상 시간을 정하고 자녀로 하여금 양보해야 할 것, 요구해야 할 것들을 다시 정리해볼 시간을 주는 것이 중요하다. 물론 부모도 자녀에게 화를 냈다면 정중히 사과부터 해야 한다. 부모에 대한 신뢰를 확보하는 것이 무엇보다도 중요하기 때문이다.

그리고 자녀에게 여유를 주어야 한다. 이것은 용돈 협상의 기본적인 목적을 달성하는 데 매우 중요한 역할을 한다. 부모가 자녀와 용돈 협상을 하는 것은 자녀를 이기기 위해서가 아니다. 협상은 용돈을 올려 받으려고 하는 자녀의 생각을 정리하고 표현하는 연습이다. 시간을 주는 것은 생각을 정리할 수 있는 여유를 주는 것이다. 그 여유만큼 자녀는 발전할 것이다.

부모는 이러한 교육적 목적을 분명히 인지하고 인내를 가지고 자녀를 자극해야 한다. 부모의 인내만큼 자녀의 성장을 확보할 수 있다.

한 가지 주의할 것은 벌을 주듯 용돈을 동결하거나 포기하듯 인상을 허락해서는 안 된다는 것이다.

용돈 협상의 가장 중요한 가치는 '부모를 신뢰하는' 것이다. 그런데 합리성에 의한 결정이 아니고 감정에 의한 결정은 이후의 용돈 협상에 문제를 일으킬 가능성이 매우 높다. "이번 달은 무조건 안 돼." 하고 아버지가 화를 낸다면 아이 역시 "에이, 나도 이딴 거 안 해." 하고 어떤 일이든 동기가 부여되지 않아 쉽게 포기하고 말 것이다.

만약 합리적으로 자녀의 용돈 인상을 막을 이유가 없다면 이번에는 요구대로 올려주는 것이 화를 내는 것보다 훨씬 낫다. 용돈 협상은 다음에도 계속되어야 하니까 말이다.

반면 자녀 역시 한 번에 결론을 내지 않아도 된다. 부모님이 흔쾌히 인상을 허락해주는 경우도 있겠지만 협상이 잘 진행되지 않아서 좀 더 생각의 정리가 필요하다면 협상을 중단하거나 협상 연기를 요청해야 한다. 만약 화를 내고 협상을 결렬시켜 버린다면 부모님이나 자신에게도 좋은 느낌이 남아 있을 수 없기 때문이다.

③ 80~90% 내외에서 결정하라

부모는 자녀의 인상 요구 안이 크게 무리가 없다고 하더라도 가능하다면 원하는 금액의 80~90% 선에서 용돈을 인상해주는 것이 좋다. 물론 무조건 "80~90%밖에 못 줘." 하고 말할 것이 아니라 부모의 입장에서도 타당한 이유를 들어 자녀를 설득해야 한다.

자녀가 부모의 생각이 강압적이고 비논리적이라고 판단하게 되면 용돈 협상을 더 이상 신뢰하지 않을 것이다. 바꿔 말하면 용돈 인상이 관철되지 않더라도 자녀의 입장에서 그 이유가 합리적으로 받아들여져야 교육적 목적이 확보되는 것이다.

때문에 자녀를 인격적으로 충분히 존중하면서 부모의 입장을 설명해야 한다. 물론 설득할 자신이 없다면 인상을 허락해야 한다. 용돈 협상은 계속되어야 하기 때문이다.

단, 자녀가 완강하게 인상액의 100% 지급을 굽히지 않는다면 나머지 10~20%에 상응하는 반대급부의 조건을 제시할 수도 있다. 가령 동생의 학습지도나 청소 등이 좋은 방법이다.

굳이 용돈 인상액을 이렇게 결정해야 하는 이유는 협상을 통한 성취감을 자녀에게 전달하기 위해서다. 협상 때마다 자녀가 원하는 대로 용돈 인상이 결정된다면 자녀에게 협상은 매력적이지 않을 것이다.

한편 자녀의 입장에서는 요구하는 용돈 인상 금액의 100%를 받는 것이 목표다. 그러기 위해서는 최선을 다해서 부모님을 설득하고 설득하기 위한 자료를 준비해야 하는 것은 당연하다. 만약 그러한 노력에도 불구하고 부모님이 허락하지 않는다면 다음 협상 시점까지 용돈 기입장과 예산서 등을 더욱 치밀하게 관리하여 준비할 필요가 있다.

Key point

용돈 협상할 때 준비할 것

· 부모가 준비할 것

부모의 입장(가정 형편, 용돈을 올려주지 못하는 이유 등) 정리, 반드시 논리적일 것, 협상의 범위, 인상률, 요구할 자료, 사용할 언어(경어, 평상어) 등.

· 자녀가 준비할 것

인상 요구 이유(논리적일 것), 용돈 기입장, 예산서, 지출 항목별 합계 금액, 기타 필요한 자료 그리고 자신의 설명을 연습할 것.

용돈 협상할 때 주의할 것

·부모가 주의할 것

화를 내지 말아야 한다. 화는 모든 논리와 합리적 사고를 멈추게 한다. 만약 화가 나는 상황이면 협상을 중단하고 다음에 다시 진행하는 것이 좋다. 특히 "널 키우는 게 얼마나 힘든지 아니?"와 같은 말은 자녀의 자존심을 건드려서 예상치 못한 결과를 불러올 수 있으니 각별히 조심해야 한다.

·자녀가 주의할 것

다른 가정과 비교하지 말아야 한다. 자신의 부모와 자신의 용돈을 협상하는 것이다. 다른 가정과 비교하면 원하는 결과를 이끌어내기보다는 자칫 서로에게 상처만 남길 수 있다.

용돈 협상의
효과

이러한 과정을 거쳐 용돈을 인상하게 된다면 자녀에게는 어떤 일이 발생할까?

경험은 지식으로 뇌에 축적될 때 1, 2, 4, 8, 16……과 같은 방식으로 쌓여간다고 한다. 용돈 협상과 같은 경험은 어떤 상황에 닥치면 수백 가지의 대처 능력을 낳는 원동력이 될 것이다. 단돈 몇 만 원을 놓고 벌이는 협상에 불과했지만 자녀는 이후 수천억 원을 대상으로 협상 테이블에 앉게 될 것이다.

용돈 협상은 단순한 협상 놀이가 아니라 자녀를 성공으로 이 끄는 분명한 자극제가 된다. 물론 용돈을 그냥 달라는 대로 주 는 것이 다 부정적인 효과를 가져오는 것은 아니다. 모든 걸 잘 알아서 처리하는 영리한 자녀도 있을 수 있기 때문이다.

그러나 지금 당장은 차이가 나지 않겠지만 이런 과정을 통해 훈련된 자녀는 이후 사회에서 경험하게 될 다양한 협상에 대처 할 수 있는 능력이 아무래도 뛰어날 수밖에 없다. 자신의 요구를 관철시킬 수 있는 요령, 어떤 상황에 대처하는 임기응변의 능력 이 어려서부터 단련되었기 때문이다.

용돈 협상의
성공 사례

어느 가정에 중학교에 진학하는 아이가 있었다. 신학기가 시 작되면서 가방이며 교복, 참고서 등을 구입하느라 많은 비용이 들어갔지만 아이가 상급학교에 진학한다는 뿌듯함에 부모의 마음은 한껏 들떴다.

아직 초등학생 티를 벗지 못한 아이는 부모의 마음에 매우 사랑스러웠다. 성격이 밝고 친구들과도 잘 어울리는 아이였다. 부모는 그런 아이를 믿고 중학교 생활도 잘하리라 기대하며 걱정하지 않았다.

그런데 1학기가 지나고 2학기가 되자 아이는 조금씩 달라졌다. 용돈을 더 달라는 요구가 심해졌다. 친구들이랑 생일잔치를 하는 데 돈이 필요하다고 하였고 참고서가 필요하다며 추가로 용돈을 달라고 요구하기도 했다. 매달 월초에 지급하는 3만 원의 용돈은 지급 후 일주일이면 없어지고 말았다.

부모는 걱정이 많았다. 남녀공학이라 벌써 이성 친구를 사귀는 것은 아닌지, 친구를 잘못 만난 것은 아닌지, 노심초사 한시도 마음을 놓을 수 없었다.

더욱 큰 문제는 용돈을 달라는 아이의 태도였다. 아이는 "친구 누구는 얼마를 받는데 왜 나는 3만 원밖에 주지 않느냐, 반에 누구네 아빠는 달라는 대로 주는데 왜 아빠는 없다고만 하느냐." 하고 남과 비교하며 떼를 쓰는 것이었다.

그렇게 아이의 불만은 점점 커져만 갔고, 이제는 자기 방에서 문을 잠그고 단식하며 용돈을 올려달라고까지 했다. 결국 아이가 잘못될까 봐 두려워진 부모는 못 이기는 척하며 용돈을 달라는 대로 주게 되었다.

그런데 그것이 문제의 해결책이 아니었다. 아이는 점점 더 고집스러워졌고 월초에 지급하는 용돈 외에도 돈을 추가로 요구하는 일이 잦아지기 시작했다.

그러다 보니 어느새 아이가 쓰는 용돈이 한 달에 10만 원을 넘어갔다. 초등학생 때 4,000원을 주던 것과 비교하면 불과 1년 사이에 25배나 증가한 것이다. 부모는 잠을 제대로 이룰 수가 없었다. 이제 겨우 열네 살짜리 아이가 한 달에 10만 원을 쓴다는 것도 문제지만 이것을 어떻게 바로잡을 수 있을지 부모는 답을 알지 못했다.

그런데 석 달 후 놀랍게도 아이는 많이 달라져 있었다. 용돈외에 더 달라는 요구도 없어졌거니와 오히려 조금씩 저금을 하고 있었다. 어떤 일이 일어났기에 불과 석 달 만에 이런 변화가 가능했을까?

아이의 잘못된 버릇을 잡아주기 위해 부모가 내린 처방은 바로 용돈 인상에 대해 아이와 협상하는 것이었다. 먼저 엄마는 아이에게 가계부를 보여주었다. 그 가계부에는 아이에게 용돈을 지급할 때마다 날짜와 금액이 상세히 기록되어 있었다.

아이는 엄마가 기록해놓은 것을 통해 자신이 한 달 동안 무려 10번에 걸쳐 용돈을 받아간 것이 10만 원을 넘었다는 것을 알게 되었다. 또 그 옆에는 '콩나물 2,000원'이라고 적혀 있는 것을 보고 자신이 얼마나 많은 돈을 쓰고 있는지 비로소 알게 되었다.

엄마는 아이에게 말했다.

"네가 용돈이 필요하면 엄마처럼 기록해서 용돈을 더 달라고 엄마를 설득해봐. 그 요구가 타당하면 용돈을 더 줄게."

그 후로 아이는 백팔십도로 달라졌다. 용돈 사용 내역을 기록하다 보니 쓸데없는 지출이 줄어들었고, 계획적으로 생활할 수 있는 능력을 갖추게 되었다. 그리고 무엇보다도 알뜰하게 생활하는 엄마를 보며 절약이 몸에 배게 되었다.

이제는 6개월에 한 번씩 용돈 인상에 대해 협상하기로 했다. 용돈 협상을 하는 날이 되면 아빠도 다른 날보다 일찍 오셔서 참관하기로 했다.

4. 용돈 협상이라는 교육

자녀를 망치는
열가지 길

1. 자녀가 갖고 싶어 하는 것은 무엇이든 다 주어라.

   세상의 모든 것이 자기 것이 될 수 있다고 오해하면서 자랄

   것이다.

2. 자녀가 나쁜 말을 쓸 때면 그냥 웃고 넘겨라.

   자기가 재치 있는 사람인 줄 알고 더욱 나쁜 말과 나쁜 생각

   을 할 것이다.

3. 그 어떤 형태의 교훈적인 훈련과 교육도 시키지 말라.

   무능과 고집이 자녀를 주관할 것이다.

4. 잘못된 품행은 책망하지 말고 그냥 두어라.

   사회로부터 책망을 받을 것이다.

5. 어질러놓은 침대, 옷, 신발 등을 모두 정돈해주어라.

   자기의 책임을 다른 사람에게 전가해버리는 사람이 될 것이다.

6. TV나 비디오, 게임을 마음대로 보거나 할 수 있도록 해주어라.

   머지않아 그 아이의 마음은 쓰레기통이 될 것이다.

7. 자녀들 앞에서 부부나 가족들이 싸우는 모습을 자주 보여주
   어라.

   나중에 가정이 깨어져도 눈 하나 깜짝 안 할 것이다.

8. 달라고 하는 대로 용돈을 얼마든지 주어라.

   타락의 길을 쉽게 터득할 것이다.

9. 먹고 싶다는 것 다 먹이고 마시고 싶다는 것 다 마시게 하고
   좋다는 것 다 해주어라.

   어떠한 거절이라도 한 번만 당하면 곧 낭패에 빠지는 사람이
   될 것이다.

10. 자녀가 이웃과 대립하는 자세나 마음을 가질 때는 언제나
    자녀 편을 들어주어라.

    건전한 사회가 모두 자녀의 적이 될 것이다.

〈행복닷컴〉

5

용돈 관리의
도구

아무리 금융 교육에 대한 철학이 올바르고 확고하다 하더라도 자녀가 용돈을 관리하는 데 필요한 도구를 활용하지 않는다면 그것은 효과적인 교육이 될 수 없다. 마치 멋진 자동차라도 바퀴가 굴러가지 않는다면 소용이 없는 것과 같다.

자녀로 하여금 용돈 기입장, 예산서와 같은 도구를 자유롭게 다룰 수 있도록 준비하고 가르쳐주어야 금융 교육의 실제적인 효과를 기대할 수 있다.

용돈 기입장

① 용돈 기입장의 작성

용돈 관리는 기록으로부터 시작한다고 할 수 있다. 아무리 용돈을 아껴 쓰고 계획적으로 쓴다 해도 기록하지 않으면 그 효과는 기대할 수 없다. 결혼한 지 10년이 넘은 주부라 할지라도 생활비를 가계부에 기록하지 않으면 돈이 샐 수밖에 없다.

용돈을 효과적으로 관리하고, 새어나가는 것을 막기 위해서는 용돈 기입장을 작성하는 것이 중요하다. 부모에게 가계부가 있다면 자녀에게는 용돈 기입장이 있다. 용돈 기입장은 아이들이 매일 용돈을 지출한 내역과 금액을 기록하는 것이다.

그런데 가계부와 마찬가지로 용돈 기입장도 아이들에게는 귀찮은 존재임이 틀림없다. 하지만 용돈 기입장을 활용하게 되면 지출 내역을 정확히 알 수 있고, 지출 효율 또한 극대화할 수 있다.

불행한 것은 우리나라 청소년 중 대부분이 용돈 기입장을 작성하지 않는다고 하는데, 이는 곧 청소년들의 소비 태도에서 드러나듯 충동적이고 모방적인 소비습관과 관계가 있다. 용돈 기입장만 작성해도 이런 소비습관은 극복할 수 있다.

② 용돈 기입장의 목적

용돈을 받아서 쓰다 보면 흐지부지 없어지는 돈이 있다. 예를 들어 길을 오가다 군것질로 써 없애는 돈이 기록되지 않았다면 계획에 없이 써버린 돈이다. 용돈 기입장은 이런 점을 보완해줄 것이다.

용돈 기입장이 갖는 목적에는 두 가지가 있다. 하나는 새는 돈이 없도록 관리하는 것이며 다른 하나는 지출 금액을 줄이는 것이다. 여기서 첫 번째 목적이 용돈 기입장 작성의 우선 목적이라고 할 수 있다. 얼마를 쓰든 기록할 수 있다면 용돈을 관리할 수 있지만 기록할 수 없다면 용돈 관리가 애초에 불가능하기 때문에 여전히 용돈은 부족한 상태가 된다.

용돈 기입장은 매일 작성하는 것이 가장 좋다. 하루 동안 쓴 금액을 기억하기에 쉽고 매일의 기록은 좋은 습관으로 남기 때문이다. 그러나 매일 기록하지 않고 며칠 시간을 넘기고 나서 기록하면 자질구레한 돈은 얼마를 썼는지 기억하기가 쉽지 않고, 또 그렇게 버릇을 들이면 용돈 기입장을 기록하는 간격이 점점 길어질 수 있다.

따라서 용돈 기입장은 매일 기록하는 것이 좋다. 이렇게 해서 쓸데없이 없어지는 돈을 차단할 수 있다면 자연스럽게 용돈을 아껴 쓰는 방법도 찾을 수 있다.

용돈 지출을 줄이는 방법은 의외로 간단하다. 지난주 또는 지난달에 기록한 지출 내역을 비교 대상으로 삼아 많이 지출된 항목의 지출을 참고하여 줄이면 된다.

용돈 기입장을 통해 새는 돈을 차단하고 지출을 줄인다면 같은 금액의 용돈을 받아도 실제로는 더 많이 받는 것과 같은 효과를 가져오게 된다. 용돈을 꼭 필요한 곳에만 사용하게 되어 지출의 효율성이 더 높아지기 때문이다.

이것이 자녀에게 용돈 기입장을 작성하도록 가르쳐야 하는 이유다.

③ 용돈 기입장은 일기다

용돈 기입장을 작성하는 것은 생각처럼 어렵지 않다. 몇 번만 해보고 나면 1~2분 안에 하루의 지출 내역을 충분히 기록할 수 있다. 그래도 시간이 부족하다면 일상적인 지출 항목을 핸드폰에 기록해두었다가 일주일에 한 번씩 정리하도록 유도하는 것도 도움이 된다.

만약 일기를 쓰고 있는 자녀라면 용돈을 기입하는 데 더 효과적인 방법이 있다. 지출 내역을 따로 기록하지 않고 일기장에 같이 기록하는 것이다. 그날 있었던 일 옆에 지출 내역을 같이 기록해둔다면 하루의 일상과 돈의 흐름을 알 수 있어서 흥미를 유발한다는 점에서도 좋은 방법이다.

용돈을 기입하는 것은 무엇보다도 자녀에게 부담스러운 일이 되어서는 안 된다. 지속성을 확보할 수가 없기 때문이다. 따라서 일기와 함께 기록하는 것은 흥미와 지속성을 동시에 유지할 수 있는 좋은 방법이 될 것이다.

한 걸음 더 나아가 매일 기록한 자료는 주마다 또는 월말에 결산을 내보는 것도 중요하다. 결산은 지출에 대한 평가를 의미한다. 결산하는 과정을 거치지 않는다면 그 기록은 단순한 기록일 뿐 용돈을 관리하는 데 어떠한 효과도 발휘하지 못할 것이다. 지출 항목별로 총 지출 금액을 정리해보면 어디에 돈을 얼마나 썼는지 알 수 있다.

이와 같이 한 달 두 달 시간이 흘러감에 따라 지출 금액이 용돈 기입장에 표시됨으로써 알게 모르게 새는 돈이 줄어들었다는 것을 알게 될 것이다.

이것은 다시 말해서 같은 금액으로 더 많은 곳에 사용할 수 있다는 효율성이 확보되었다는 것을 의미한다.

④ 용돈 기입장의 효과

매일 꾸준히 용돈 기입장을 쓰게 된다면 놀라운 효과를 기대할 수 있다. 용돈 기입장은 지출을 스스로 통제하게 한다. 즉, 매일의 기록을 통해 지출 규모를 확인함으로써 지출을 줄여야 하는 필요성에 스스로 동의하게 된다.

이러한 태도의 연속성은 자연스럽게 지출의 합리성을 제고하여 별다른 노력이 없더라도 지출의 효율성을 끌어올리는 효과를 가져올 것이다. 마치 가계부를 통해 절약이 몸에 밴 주부가 최적의 지출을 결정하는 태도를 갖게 되는 것과 같다.

부모는 자녀들이 용돈 기입장 작성에 싫증을 내지 않도록 때에 맞춰 격려하고 동기를 부여하는 노력이 필요하다.

용돈 기입장의 작성 요령

·매일 일기처럼 작성한다.

·주 단위로 지출 금액을 합산한다.

·지출 항목별로 지출 금액을 합산한다.

·줄일 수 있는 지출 항목을 찾는다.

용돈 기입장의 예

날짜: 월   일

수입 항목	금액	지출 항목	금액
합계			

지름 신을 예방하는
예산서 작성

용돈 기입장 외에 지출을 관리할 수 있는 도구에는 예산서가 있다. 예산서 작성은 곧 지출의 범위를 예산 안에서 통제하겠다는 의지다.

용돈 기입장이 하루 동안의 지출 내역을 기록하는 것이라면 예산은 지출을 계획하는 것이다. 예습이 학습 효과를 높여주고 복습 시간을 단축시켜 주는 것처럼 예산은 지출 규모를 미리 세워놓아 쓸데없는 낭비를 줄이는 데 효과가 있다.

지출을 통제하기 위해서 용돈 기입장이 필요하듯이 지출을 계획하는 예산서 또한 그에 못지않게 중요하다. 아이가 용돈을 많이 받더라도 적절한 관리 방법이 제공되지 않는다면 그 돈이 아이의 주머니에 오랫동안 남아 있을 가능성은 낮다.

예산을 세우면 계획에 없는 충동구매와 같은 갑작스러운 지출을 예방할 수 있다. 따라서 아이로 하여금 용돈을 받게 되면 먼저 예산을 세우게 해야 한다. 어떻게 무슨 용도로 용돈을 사용할 것인지를 미리 결정해두게 되면 필요 없는 지출을 사전에 막을 수 있다.

예산을 세우는 것과 그렇지 않고 소비를 하는 것은 많은 차이를 가져온다. 월말에 결산을 내보면 예산을 세우고 지출한 아이는 돈이 남을 수도 있지만 그렇지 않고 지출한 아이는 용돈이 부족해서 힘들어 하는 경우가 대부분이다.

물론 예산을 세우지 않는다고 모두 효과적으로 지출하지 못한다는 것은 아니지만 예산을 세우게 되면 예산 안에서 사용할 수 있는 금액이 정해져 있기 때문에 소비의 효율성을 확보하기에 훨씬 수월하다.

그러면 예산은 어떻게 세워야 할까?

① 저축과 지출 금액을 정하라

흔히 비행기가 날아가는 하늘에도 길이 있다고 한다. 돈이 나가는 데에도 나름대로 길이 있다. 용돈이 들어오면 어느 항목에 얼마가 할당되어야 하는지 결정하는 것은 효율적인 지출을 위해서는 빼놓을 수 없는 사항이다.

예산서를 작성할 때는 기본적으로 용돈을 소비 금액과 저축 그리고 기부금 등의 항목으로 나누고 각각의 설정 비율을 정해야 한다. 일반적으로 저축 금액은 용돈의 20% 내외, 소비 금액은 70% 정도 그리고 기부금은 10% 내외에서 결정하도록 하는 것이 좋다.

물론 그때그때의 상황과 자녀의 생각에 따라 조금씩 달라질 수 있으나 중요한 것은 설정 비율을 정하는 것에 자녀가 동의해야 한다는 것이다.

어째든 자녀가 예산을 세울 때 가장 먼저 정해줘야 할 것은 용돈 가운데 저축 금액과 전체 소비 금액이다. 예를 들어 한 달 용돈으로 10만 원을 준다면 2만 원은 저축을 하고 7만 원은 소비를 할 수 있도록 상한선을 정해두고 자유롭게 사용하도록 유도하는 것이다. 그리고 나머지 1만 원은 기부금 등으로 설정해준다면 행복 지수를 높여주는 데 효과적이라 할 수 있다.

하지만 이것은 엄연히 하나의 예일 뿐이다. 지출 금액의 비율은 어디까지나 자녀의 생각과 부모의 판단에 따라 조절되어야 한다. 이 비율은 단지 이상적인 것으로 가계의 형편과 자녀의 의도에 따라 조절할 수 있다. 그리고 가능하다면 부모는 이러한 세 가지 축, 다시 말해서 저축과 소비, 기부를 자녀가 스스로 정할 수 있도록 보조해주는 것이 좋다.

한편 자녀는 용돈을 받으면 가장 먼저 저축 금액부터 정하는 것이 좋다. 참고로 지난달 소비가 적었다면 이번 달은 저축 금액을 처음부터 조금 늘려 잡는 것이 절약 생활에 도움이 된다.

② 지출의 우선순위를 정하라

지출 금액에 대해 예산을 세웠으면 다음으로 지출할 순서를 결정하는 것이 중요하다. 이것을 정해두지 않으면 급한 대로 지출을 결정하게 되어 정작 필요하고 중요한 깃에 쓰시 못하는 문제가 발생하게 된다.

지출의 우선순위는 어느 것이 더 중요한지를 따져보고 결정하는 것이 효과적이다. 이때 중요하고 급한 것, 중요한 것 그리고 급한 것의 순서로 지출한다는 원칙을 세우면 우선순위를 정하기에도 훨씬 수월하다. 가계의 지출 기준을 가져온 것이라 아이에게 적용하기에는 다소 무리가 있다 하더라도 기본적인 기준을 잡아주고 난 다음 아이 나름대로 융통성을 발휘할 수 있도록 해주면 된다.

아이들의 용돈은 대부분 군것질로 소비되지만 다양한 지출 항목 중에서도 나름대로 중요하고 급한 것이 분명히 있다. 그것에 대비하여 용돈을 미리 준비해두는 습관은 현명한 소비생활에 있어서 매우 중요한 요소다.

우리나라 청소년은 금융 활동 중에서도 특히 지출의 효율성이라는 측면에서 약점을 보인다. 같은 물건을 구입할 때 가격이나 품질보다도 편하고 빠르게 구입할 수 있는 곳을 더 선호한다. 저렴하고 품질이 좋다는 것은 우선 고려 대상이 아니다.

이것은 부모가 가격과 품질을 기준으로 지출을 결정하는 습관과는 분명히 대비되는 모습이다. 이 모든 것이 다 지출의 우선순위를 정하지 않았기 때문에 나타나는 현상이다. 그러나 다행인 것은 지출에 관한 우선순위를 정하게 되면 이런 습관을 쉽게 교정할 수 있다.

지출의 우선순위를 결정할 때 고려할 사항은 구입하고자 하는 물건이 지속적으로 사용할 수 있는 물건인지의 여부다. 예를 들어 가방을 사는 것과 떡볶이를 사 먹는 것은 그 사용 빈도나 중요성에서 같을 수가 없다. 당연히 가방의 구입 가치가 높아야 하고, 가방 구입에 우선순위를 두어야 한다.

그리고 고정적으로 나가야 하는 비용에 우선순위를 두는 것이 옳다. MP3를 대신 사준 부모에게 그 비용을 매달 용돈에서 일정 금액씩 갚아야 한다면 예산에서 부모에게 매달 갚을 금액이 지출의 우선 대상이어야 한다.

이처럼 예산에서 지출의 우선순위를 결정할 때는 얼마나 자주 사용하는 물품인지, 그리고 고정적으로 나가야 할 금액인지를 참고로 삼아야 한다. 이 외에도 자녀의 형편에 맞게 우선순위를 결정할 수 있도록 지도할 수 있다.

지출의 우선순위를 결정하는 방법이 제대로 훈련되어 있지 않으면 당장 고등학교를 졸업하고, 특히 대학에 진학하게 되면 문제가 발생할 수 있다.

대학생의 경우 소비는 급격하게 많아졌지만 소득은 아직 없다. 그런 상태에서 원하는 대로 무계획적으로 돈을 쓰는 버릇이 그

대로 남아 있다면 용돈이 많아져도 돈은 부족할 수밖에 없다. 지출에 우선순위를 정하는 원칙은 돈을 효과적으로 지출할 수 있는 기준이 된다.

③ 사용 금액을 주 단위로 나누어라

다음으로 총 소비 예정 금액을 다시 주 단위로 세분화하는 것이 좋다. 가령 용돈 총액이 10만 원일 때 그중에서 70% 즉 7만 원이 한 달 총 소비 예상 금액이라면 이것을 다시 주당 약 1만 7,500원씩 사용하도록 정해놓으면 계획적인 소비 활동에 도움이 된다.

7만 원을 한꺼번에 주머니에 넣고 다니며 한 달 동안 쓰는 것보다 주 단위로 나누어 쓰는 것이 낭비를 막고 계획적으로 지출하는 데 효과적이기 때문이다.

목돈을 가지고 다니면 아무래도 헤프게 쓸 가능성이 높다. 하지만 주 단위로 사용 금액을 정해두게 되면 일주일간 쓸 수 있는 금액을 감안해서 지출이 이루어지기 때문에 소비의 효율이 더욱 높아지게 된다.

우리나라 사람들은 지갑에 돈을 많이 넣고 다니는 것을 좋아한다. 그래서 외국에서 날치기나 도둑의 주 표적이 되는 사람들이 바로 한국인 여행객들이다. 선진국에서는 지갑에 돈을 많이 넣고 다니지 않는다. 필요한 만큼씩 지갑에 넣고 다니고 부족하면 그때마다 은행에서 찾아 쓴다.

여기서 한번 생각해보자. 지갑에 10만 원이 있는 사람과 3만 원이 있는 사람 중에 누가 더 돈을 헤프게 쓸까? 길을 가다가 별로 필요하지도 않은데 예쁘다는 이유로 물건을 사게 될 확률이 누가 더 높을까?

돈은 적게 갖고 다닐수록 효용성이 높아지게 마련이다. 용돈을 지급하는 방법에서 말한 바와 같이 용돈을 관리하는 기간이 짧을수록 자녀들이 느끼는 부담은 적다. 따라서 한 달 용돈을 1주 단위로 쪼개서 예산을 잡으면 그만큼 부담이 적다.

물론 지출 형편이 아이마다 다를 수 있다. 형편에 따라 주마다 지출 금액을 달리하고 싶은 경우에는 그에 맞게 조절할 수 있다. 마지막 주에 중요한 약속이 있거나 시험이 끝나 파티를 한다면 다른 주에는 지출 금액을 적게 할당하고 마지막 주에 좀 더 많이 쓰는 것으로 예산을 세우면 더욱 효과적인 예산 관리가 될 수 있다.

④ 기부금도 예산에 넣어라

그리고 자녀들이 예산을 세울 때 가능하면 기부 항목을 넣을 수 있도록 권장하는 것이 좋다. 성공의 궁극적인 목적이 행복이

듯이 소비의 목적도 행복에 있다. 기부는 소비가 가져다주는 행복 가운데 가장 가치가 높다.

남을 돕는 것은 돈이 많아야지 할 수 있는 것이 아니다. 실제로도 큰 부자가 가난한 사람을 돕는 것보다 동네 김밥 집 할머니가 수십 년간 모은 전 재산을 기부했다는 훈훈한 이야기를 더 자주 듣는다.

자녀의 적은 돈일지라도 아름답게 쓰일 수 있다면 이보다 더 감동적인 소비는 없다. 또 매달 일정 금액을 모아서 연말에 고아원이나 복지 기관에 기탁한다면 스스로를 매우 자랑스럽게 생각할 것이고 자긍심도 높아질 것이다.

기부는 용돈의 10% 범위 내에서 하는 것이 좋다. 너무 많으면 실제로 쓸 수 있는 돈이 줄어 자녀에게 부담이 될 수도 있다. 그렇다고 꼭 용돈의 10%를 해야 하는 것은 아니다. 형편에 따라 10%보다 더 많아도 되고 더 적어도 상관없다. 중요한 것은 자녀에게 사회에 봉사하고 있다는 자긍심을 갖게 하는 것이므로 기부하는 금액의 많고 적음은 아무 상관이 없다.

매달 일정하게 기부하는 방법도 좋고 따로 모아두었다가 연말에 기부하는 것도 도움이 될 수 있다.

기부는 경제 활동 중 가장 아름다운 행동이다. 부자로서 남을 돕는 것도 아름다운 것이며 어려운 상황 속에서 남을 생각하는 것도 위대한 것이다.

때문에 기부는 남을 돕는 선행이면서 자신에게 주는 가장 아름다운 선물이다. 장래에 아이들이 남을 사랑하고 우리 사회를 더욱 아름답게 하는 사람으로 성장할 수 있도록 영혼의 자양분이 되어주는 것이 바로 기부라고 할 수 있다.

우리 집 신발장 위에는 깡통으로 된 동전을 모아두는 커다란 저금통이 있다. 워낙 커서 한참을 채웠는데도 이제 겨우 반 정도가 찼을 뿐이다. 나는 퇴근할 때마다 주머니에 있는 동전들을 습관적으로 그 통에 넣는다. 아내의 필요 없는 동전도 모두 저금통에 들어간다. 가끔씩 아이들의 용돈도 거기에 들어간다.

아이들은 그 돈에 절대로 손을 대지 않는다. 그 돈이 연말에 어떻게 사용될 것인지 알기 때문이다. 그 돈은 연말이면 우리가 기부한 단체를 통해 불우한 이웃에게 전달된다.

나는 따로 기부금액을 정해두지는 않았다. 대신 동전을 만질 때마다 기부를 해야겠다고 마음먹을 수 있도록 저금통을 잘 보이는 곳에 두었다. 많은 돈은 아니지만 어려운 사람을 도와야 하는 마음만은 퇴근해서 혹은 하교 후 집에 들어올 때마다 가슴에 새길 수 있다.

아마 올 연말에도 묵직해진 깡통은 누군가의 작은 행복을 위

해 사용될 것이다. 또한 우리 가족 전체의 행복 지수도 올라갈
것이다.

⑤ 지난달의 예산안을 참고하라

예산을 좀 더 효과적으로 세우기 위해서는 지난달의 예산과
실제 사용한 금액이 얼마인지 비교해보면 된다. 지난달에 예산
을 지출 항목당 얼마로 설정하고 실제 지출은 어떻게 했는지 참
고하여 이번 달 예산에 반영한다면 더욱 효과적인 예산서가 되
기 때문이다.

또 소비를 많이 한 주가 몇 째 주이며 가장 많이 지출한 항목
은 음식비, 옷값 등에서 어느 것인지 분석해둔다.

이런 식으로 지난달 예산 중에서 실제로 집행한 것을 참고로
이번 달 예산에 반영한다면 매달 조금씩 용돈의 효율성을 높일
수 있다. 이것은 어려운 일도 까다로운 일도 아니다. 처음 몇 번
은 힘들 수 있다. 하지만 그 이후부터는 단 10~20분이면 한 달
예산을 세우는 데 아무런 어려움이 없다.

기억해야 할 것은 아직 돈 관리의 필요성을 깨닫지 못한 자녀
중에는 예산을 세우는 것이 쉽지 않은 자녀도 있을 수 있다는
것이다. 이런 아이에게는 한 번에 많은 것을 요구하기보다는 차
츰차츰 아이의 능력에 맞게 교육하는 것이 바람직하다.

우선 용돈의 지급 방법을 정하고 용돈 기입장을 작성하는 훈련을 시킨 후 양식을 자유롭게 사용할 수 있게 되면 예산서를 작성하는 방법을 가르치는 것이 바람직하다.

한편 자녀는 용돈을 받은 날에는 반드시 지난달의 예산서와 실제 사용한 금액을 정리해야 한다. 떡볶이, 과자 등 한 달 동안 지출한 것을 항목별로 합한 다음 그것을 참고하여 이번 달 예산을 세워야 한다.

Key point

예산을 세우는 방법

· 저축과 소비 금액을 정한다.
· 주 단위로 지출 금액을 나눈다.
· 적정한 기부금을 설정한다.
· 지출의 우선순위를 결정한다.
· 지난달 예산안을 참고한다.

(   )월 예산

항 목	금 액
소 득	
정기적 용돈	
비정기적 용돈	
소비 지출	
군것질	
문화비	
저 축	
투자	
예금	
적금	
기 타	
빚 청산	
기부금	
사회복지단체	
종교단체	
합 계	

(   )월 예산 집행 내역

지출 항목		금 액
	군것질	
	떡볶이	
	과자	
	아이스크림	
소	음료수	
비	**문화비**	
지	영화 관람	
	CD구입	
출	장신구	
	데이트 비용	
	옷 구입비	
	생일 파티	
저축		
투자		
예금		
적금		
기부금		
사회복지단체		
종교단체		
기타		
빚 청산		
합 계		

* 상기 항목별 금액은 월초 예산한 금액에 대해 실제 사용한 금액을 합계한 것이다.

6

용돈 교육
부자 교육

그런데 여기서 한 가지 의심스러운 것이 있다. 용돈 교육이 과연 긍정적인 효과만을 가져올까? 모든 교육이 그렇듯 용돈 교육 또한 그 방법에 따라 효과가 달라질 수 있다. 또 모든 교육과 마찬가지로 용돈 교육에 성공할 수도 있고, 실패할 수도 있다. 그렇다면 용돈 교육을 성공적으로 이끌어가기 위해서는 어떻게 해야 할까?

성공하는 용돈 교육
실패하는 용돈 교육

우선 가장 중요한 것은 어려서부터 용돈 교육이 시작되어야 한다는 점이다. 초등학생 시절에는 스스로의 필요보다는 부모의 지도로 용돈 관리에 대한 지식을 습득하게 되지만, 이렇게 습득한 지식은 당시보다 시간이 지나 고학년으로 성장할수록 용돈 관리에 매우 중요한 요소가 된다.

중학생이 되면 용돈으로 쓰는 금액이 커질 뿐만 아니라 용돈의 필요성 또한 커진다. 친구와의 관계와 활동 반경의 확대로 용돈의 규모와 용도가 다양해지는 것은 당연하다. 따라서 이 시기에 용돈 관리에 관한 지식이 올바로 갖춰져 있지 않다면 자칫 충동적 소비에 노출될 가능성이 매우 높다.

그렇기 때문에 이를 방지하고 교육의 효과를 지속적으로 기대하기 위해서는 어려서부터 진행해온 교육의 연장선에서 용돈 교육이 집중적으로 이루어져야 한다.

청소년의 금융 교육은 대부분 용돈 관리를 통한 교육에 의존하고 있다. 매일 발생되는 지출을 계획하에 통제할 수 있다는 것은 앞으로 발전된 금융 지식을 습득하는 데 기초가 된다는 점에서 용돈 관리를 통한 교육은 의미가 있다.

그런데 실제로 가정에서 이루어지는 용돈 교육이 실패로 끝나는 경우를 종종 볼 수 있다.

그 첫 번째 이유는 부모가 자녀에게 무턱대고 지시를 내리기 때문이다. "용돈 기입장을 써라." "아껴 써라."와 같은 명령은 자녀에게 아무런 동기도 부여하지 못한다.

따라서 용돈 교육을 하기 전에 부모는 반드시 자녀가 돈에 대해 이해할 수 있도록 돈의 가치와 중요성, 가정에서 돈이 차지하는 역할과 의미 등을 구체적으로 설명해주어야 한다. 자녀가 이 설명을 받아들여서 용돈 관리에 대한 동기가 부여되어야 비로소 금융 교육을 시작할 수 있는 조건이 되기 때문이다.

그렇다면 용돈 교육에서 가장 힘든 것은 무엇일까? 그것은 바로 자녀가 용돈을 잘 관리할 수 있을 때까지 자녀에게 용돈 관리에 대한 습관을 들일 수 있느냐는 것이다.

일단 자녀가 용돈 관리를 습관화하게 되면 그 이후는 스스로 필요에 의해 용돈 기입장과 예산서 등을 작성할 수 있게 되지만, 아이가 용돈 관리를 습관화하기 전에 포기하는 경우가 의외로 많다. 금융 교육이 학교보다는 가정에서 이루어져야 하는 이유도 여기에 있는데, 부모는 자녀에 대해 진정성과 지속성을 가지고 '자기 아이를 절대로 포기해선 안 된다'.

그리고 부모가 본을 보여야 한다. 부모는 가계부를 작성하지 않으면서 자녀에게만 용돈 기입장을 작성하라고 강요한다면 교육 효과는 기대만큼 거두지 못할 수도 있다. 앞에서 본 바와 같이 부모의 가계부에 기록된 아이의 용돈이 아이에게는 일종의 자극제가 됨과 동시에 감동을 줄 수도 있다. 특히 어린 자녀들은 이러한 모방 학습의 효과가 높다.

한편 용돈 교육이 실패하는 것을 막기 위해서는 대가성 용돈의 적절한 활용이 필요하다. 아이들은 늘 용돈이 부족하다고 한다. 부모들도 그것을 알고 있다. 하지만 무작정 많이 줄 수가 없다. 교육의 목적은 효율성의 제고에 있지 풍족한 사용에 그 가치를 두는 것이 아니기 때문이다.

따라서 부족한 용돈은 적절한 시기와 금액을 조절하는 선에서 용돈 외에 가정의 형편에 따라 적절한 방법으로 지불하는 것이 효과적이다. 이것은 직장인들에게 마치 보너스와 같은 역할을 해서 용돈 교육의 효과를 높여줄 수 있다.

이때 한 가지 주의할 것은 아이의 행동을 모두 대가성 용돈 지급과 연계해서는 안 된다는 것이다. 만일 이것이 잦아지면 정기적으로 받는 용돈을 헤프게 쓸 가능성이 있다. 보너스가 많다고 매달 받는 월급을 우습게 본다면 생활의 안정을 확보할 수 없는 것과 마찬가지로 대가성 용돈 지급이 잦아지면 교육적 측면에서는 오히려 마이너스다.

용돈 교육은 주어진 용돈의 규모 안에서 금액을 통제하는 것이 목적이라는 것을 이해하고, 대가성 용돈 지급은 어디까지나 자녀의 현재 경제적인 상황을 파악한 뒤 적절하게 활용해야 한다.

또 용돈 교육이 효과적으로 이루어지기 위해서는 철저하게 자녀의 나이에 따라 용돈으로 주는 금액을 통제해야 한다. 금융 교육의 목적은 돈의 효율성을 깨닫게 하는 것이다. 적은 돈이라도 어떻게 쓰는 것이 가장 효과적인지를 전달하는 것이 교육의 대전제다.

그런데 가끔 이 원칙에서 벗어나는 경우를 종종 보게 된다. 특히 소득이 많은 부모의 경우 자신의 형편에 맞춰 자녀의 용돈을 결정하는 우를 범하는 경우를 보게 된다. 내가 많이 버니깐 아이 또한 많이 쓰는 것이 당연하다는 생각은 어떤 경우든 올바르다고 할 수 없다.

용돈은 반드시 자녀의 나이에 맞게 주어야 한다. 수많은 대부호들이 그랬던 것처럼 어려서부터 적은 용돈을 효율적으로 사용하는 습관이 이후 막대한 부를 다룰 줄 아는 능력을 가지게 할 것이다.

마지막으로 용돈을 어떻게 사용했는지 반드시 점검해보아야 용돈 교육의 실패를 막을 수 있다. 그런데 부모와 자녀 사이에 갈등이 일어나는 이유가 여기에 있다. 자녀의 입장에서 용돈을 받는 것은 좋은데 일일이 부모로부터 간섭을 받는다는 것은 유쾌한 일이 아니다. 부모도 무조건 아껴 쓰라고 말해서는 자녀의 반발만 살 뿐이고, 그렇다고 무작정 내버려두는 것도 교육적인 면에서 좋지 않다.

이 문제를 해결하기 위해서는 부모와 자녀, 양자 모두 용돈 교육의 목적에 합의하고 있어야 한다. 단지 용돈을 받아서 쓰는 것이 목적이 아니라 좀 더 효과적인 사용 방법을 습득해가는 과정에 목적이 있다는 것을 자녀가 이해할 수 있다면 갈등은 충분히 줄어들 수 있다.

그렇다고 하더라도 너무 잦은 체크는 자녀의 용돈 관리의 자율성을 저해하고 반항심을 불러일으킬 수 있다. 가능하면 용돈을 주는 주기별로 용돈을 어떻게 썼는지 점검하는 것이 좋다.

예를 들어 매주 용돈을 주고 있다면 주 단위로 점검을 하고 월 단위로 주고 있다면 한 달에 한 번 정도 점검하는 것이 적당하다고 할 수 있다. 그리고 이러한 과정을 거쳐 용돈을 한 달 주기로 지급하고 점검은 점점 최소화하는 단계로 나아가는 것을 목표로 삼아야 한다.

이처럼 용돈 사용에 대한 적절한 간섭은 용돈 사용에 대한 주의를 환기시키고 자녀의 용돈 관리에 대한 능력의 정도를 가늠할 수 있다는 장점이 있다.

앞서 말한 바와 같이 모든 교육이 '성공'을 보장하지는 않는다. 그러나 우리 아이에 대한 금융 교육은 실패해서는 안 된다. 아이의 미래와 직결되는 생존 교육이기 때문이다. 부모의 지치지 않는 사랑으로 세밀한 살핌과 적절한 통제가 교육의 효과를 증대시켜 줄 것이다.

용돈 교육의 효과를
극대화하기 위한 방법

용돈 및 금융 교육의 효과가 극대화되기를 원한다면 다음 세
가지를 기억해야 한다.

하나는 교육의 목적이다. 자녀에게 왜 금융 교육을 해야 하는
지 그 목적을 분명히 하지 않으면 쉽게 포기할 수도 있다. 금융
교육의 효과는 생각보다 오랜 시간이 지난 후에야 서서히 나타
나기 때문이다.

금융 교육은 정규 교육 프로그램에 포함되어 있는 것이 아니
다. 부모가 필요하다고 판단하여 자녀와 함께 진행하는 것이다.

따라서 교육의 효과에 대한 확신이 없다면 지속적인 훈련이
힘들 수 있다. 교육의 목적이 단순한 용돈을 다루는 기술의 전
달이 아니라 궁극적으로는 성공적인 경제 활동을 통한 사회인
으로서의 바람직한 삶을 가능하게 하는 것이라는 점을 분명히
인식하는 것이 중요하다.

다음으로 용돈 지급의 기준이 필요하다. 한 달 용돈은 언제
얼마를 줄 것이고, 인상은 얼마를 어떤 방법으로 할 것이고, 지
출에 대한 통제는 어떤 방법이 좋은지와 같은 교육에 필요한 기
준을 가지고 있어야 한다.

아이들이 용돈에 불만을 갖는 것은 용돈의 금액 때문만은 아

니다. 용돈을 받는 날이 들쑥날쑥하고, 언제는 많고 또 언제는 적게 받는 등 기준이 불분명해서 불편해한다. 분명한 기준은 자녀로 하여금 부모를 신뢰하게 하고 용돈 교육을 성공적으로 이끌 수 있게 해준다.

마지막으로 용돈을 실제로 관리할 수 있는 도구를 결정해주어야 한다. 다행히 이 부분은 용돈을 관리하는 데 사용하는 도구들이 대부분 보편화되어 있어서 큰 고민은 없다고 할 수 있다. 다만 그 도구들을 제대로 활용하고 있는지 지속적인 관찰과 지원이 필요하다. 방임은 그 어떤 이유로도 아이의 동기를 자극하지 못한다. 구체적인 도구들은 용돈 기입장, 예산 기입장, 지출 내역서 등이 있다.

그럼 용돈 교육의 효과를 극대화하기 위한 방법을 구체적으로 알아보겠다.

① 용돈 교육의 목적 설정

용돈 교육이 필요하다는 것에는 이제 이의가 없을 것이다. 하지만 그 이유와 목적에 대해서는 부모마다 다를 수 있다.

용돈 교육의 목적은 우선 아이의 돈에 대한 개념을 키우는 것이다. 돈이 얼마나 소중한지를 알아야 용돈 교육이든 금융 교육이든 할 수 있다.

용돈 교육을 하는 두 번째 목적은 돈을 사용하는 기술적인 방법을 가르치는 데 있다. 어떤 교육이든 그 교육의 목적이 아무리 훌륭하다고 해도 구체적인 방법을 전달하지 않는다면 그 교육은 의미가 없다.

용돈 교육은 이론 교육이 아니다. 실습이다. 앞서 말한 바와 같이 생존을 위한 기술을 전달하는 것이 용돈 교육의 목적이다. 용돈 기입장과 같은 다양한 도구들을 이용하여 자녀가 용돈을 자유자재로 기록하고 관리할 수 있도록 지원하고 도와주어야 한다.

세 번째는 향후 아이가 이뤄낼 수 있는 성공을 그려주는 것에 목적이 있다. 금융을 모르고는 이제 경제적인 성공을 애기할 수 없다. 같은 금액을 소득으로 확보하더라도 그것을 활용하는 방법에 따라서 금액의 증식은 많은 차이가 날 수 있다. 지금 시작하는 금융 교육은 아이는 물론 나아가 부모의 성공을 목적으로 하는 것이다.

② 용돈 교육의 원칙

용돈을 주는 부모의 입장에서 중요한 것은 금액이 아니고 원칙이라는 것을 다시 한 번 강조한다. 금액에 집착하는 아이와 원칙을 지키려는 부모 사이에 합의가 이루어져야 용돈 교육의 효과를 높일 수 있다.

용돈을 지급하는 데 있어 부모가 지켜야 할 원칙을 구체적으로 살펴보면 다음과 같다.

첫째, 정해진 기간 동안 정해진 금액 내에서 관리할 수 있도록 지도해야 한다. 둘째, 특별한 사유가 없는 한 추가 지급은 하지 않는 것이 좋다. 셋째, 추가 지급이 필요할 경우에는 반드시 추가 지급한 만큼 다음 용돈에서 차감하든지 필요한 반대급부를 자녀에게 요구한다.

우리나라 부모들이 용돈 교육에서 어려움을 겪는 이유는 부모가 금융 교육에 관한 지식이 없고 원칙들을 제대로 지키지 않아서 학습효과를 기대할 수 없기 때문이다. 누구나 처음에는 의욕을 가지고 교육에 나서지만 불규칙한 원칙과 지속성의 부재로 얼마 가지 못해 흐지부지되고 만다.

그러나 무엇보다도 돈에 관해서는 부모가 엄격하게 원칙을 지켜야 한다. 가정을 유지하기 위해 돈에 의지하고 있는 것은 분명한 사실이다. 이것을 자녀에게 확실히 인식시켜 줄 때 교육적 효과를 기대할 수 있다.

또 경제적으로 자립할 수 없다면 사회적으로 그 인격을 대우받지 못한다. 취업하지 못하는 청년들이 인정받지 못하는 것은 바로 경제적 자립이 확보되지 못했기 때문이다.

용돈을 비롯한 금융 교육의 최종 목적은 자녀의 경제적 자립에 있다. 부모가 돈에 관한 원칙을 엄격하게 지킬 때 자녀의 경제적 자립은 한층 빨라질 것이다.

한편 자녀도 용돈에 관한 태도를 분명히 해야 한다. 가능하면 지급받은 용돈의 금액 내에서 쓰려고 노력해야 한다. 특별한 사유가 없는 한 추가 용돈은 요구하지 말아야 한다.

어쩔 수 없이 추가로 용돈을 받아야 한다면 청소나 심부름 같은 것을 해서 그 금액에 상응하는 대가를 지불해야 한다. 용돈은 부모님이 열심히 일해서 번 것이므로 아껴 써야 하는 것은 당연하다.

③ 많이 주지 말 것

용돈 교육을 하면서 대명제와 같은 진리는 자녀에게 용돈을 관리할 수 있는 능력에 넘칠 만큼 많이 주면 안 된다는 것이다. 자녀의 올바른 소비습관을 형성하는 데 있어서도 용돈을 넉넉히 주는 것보다 조금은 적게 주는 것이 훨씬 효과적이다. 적게 받으면 그 안에서 어떻게든 아껴가며 쓰려는 마음이 생기지만 많은 용돈은 그런 마음을 처음부터 막아버린다.

따라서 용돈은 자녀가 달라는 대로 다 주어서는 안 된다. 자녀의 나이를 고려해서 적당한 금액을 정해서 주어야 한다. 자녀에게 용돈을 관리하는 방법을 가르치는 것은 돈을 효율적으로 관리할 수 있게 하는 데 목적이 있다. 자녀가 별 고민 없이 쓸 수 있을 만큼 풍족하게 주면서 그 교육적 목적을 달성하기를 기대하기는 어렵다.

부모들은 흔히 자녀에게 용돈을 부족하지 않게 주는 것은 자녀가 불편할까 봐 걱정되기 때문이라고 한다. 그러나 사실은 자녀보다 부모가 불편하기 때문이다. 용돈을 넉넉하게 주지 못하면 자녀를 보는 부모의 마음이 안타깝고 아플 뿐만 아니라 용돈이 떨어졌다며 자녀들이 투정을 부리기도 해서 귀찮기 때문에 달라는 대로 주는 것이다.

가정 형편이 어려우면 용돈 금액도 줄어드는 것은 당연한 것이며 나이에 맞게 줄 수 있는 적절한 용돈의 금액이 있다. 용돈이 적어서 자녀가 탈선한다면 그것은 용돈이 문제가 아니라 부모와의 관계에 문제가 있기 때문이다.

자녀에 대한 금융 교육은 철저하게 부모와의 밀도 높은 관계가 성패를 좌우한다. 또 용돈 교육은 부모를 만족시키기 위한 교육이 아니라는 것을 반드시 명심해야 한다. 부모의 마음을 만족시키기 위한 단순한 용돈 지급으로는 교육적 효과를 절대로 기대할 수 없다.

더불어 아이는 부모님 자신도 쓸 수 있는 용돈이 부족하다는 것을 알고 주어진 용돈 내에서 최선을 다해 절약하려는 노력을 기울

139

여야 한다. 부모님에게는 자녀에게 용돈을 주는 것 외에도 써야 할 데가 정말로 많다.

④ 용돈 지급의 일관성 유지

자녀에게 용돈을 줄 때는 금액과 지급 창구 그리고 시기 등 지급 방법이 일관성을 유지해야 한다. 예를 들어 엄마가 매월 초 5만 원을 통장에 넣어주는 것처럼 지급 방법이 일정해야 한다는 것이다.

이러한 일관성은 자녀에게 용돈을 계획적이고 효과적으로 관리할 수 있게 해줄 뿐만 아니라 나아가 자녀에게 예산을 세우도록 요구하는 근거가 될 수 있다.

특히 지급 금액의 일관성은 매우 중요하다. 엄마가 한 달에 정해둔 만큼 지급하면 아이 역시 그 금액에 맞춰 지출 계획을 세우게 된다.

그런데 아빠가 아이가 귀엽다고 수시로 용돈을 준다면 아이는 추가로 받는 용돈을 지출 계획에 포함시키게 되고, 이는 한 달동안의 전체적인 지출 규모를 늘리게 되는 효과를 가져오게 되어 자칫 아이의 씀씀이가 커지는 원인이 될 수도 있다. 용돈 교육의 효과가 물거품이 되는 것이다.

따라서 자녀에게 용돈을 줄 때도 부부간에 미리 합의를 해서 일관성을 유지해주어야 한다. 용돈 관리는 당장에 용돈을 아껴 쓰라는 의미도 있지만 사회에 진출해서 소득을 제대로 관리할 수 있도록 능력을 키워주는 것이 궁극적인 목적이라는 것을 잊어서는 안 된다.

아이의 미래를 풍요롭게 해주는 것은 지금 당장 아이에게 풍족하게 주는 용돈이 아니다. 그 용돈을 통해 이루어지는 금융 교육이 아이의 안정된 미래를 보장한다는 것을 명심하고 철저하게 원칙에 입각한 교육이 이루어져야 할 것이다.

7

청소년의 소비습관이
달라진다

청소년 자녀들을 대상으로 금융 교육을 하기 위해서는 반드시 자녀의 연령별 특징을 알아둘 필요가 있다. 가정에서는 너무나 조용하고 차분한 아이이지만 학교에서 친구들과 어울릴 때는 어떻게 변하는지 부모는 알지 못한다.

전교에서 1, 2등을 다투는 중학교 2학년 A라는 학생이 있었다. 착하고 순한 아이였다. 어느 날 학교에서 단체 여행을 가게 되었는데, 한 방에 있던 다른 여학생이 실수로 이 A라는 학생의 발을 밟았다. 순간 A 학생의 입에서는 상상할 수 없는 거친 욕설이 튀어나왔다. 담임선생님은 아연실색했다. 모범생인 이 학생이 입에 담지도 못할 욕설을 하리라고는 상상도 할 수 없었다.

청소년 자녀들이 가정에서 보이는 태도는 매우 정제된 모습일 수 있다. 그리고 학교에서 친구들과 어울리는 모습은 부모가 상상도 할 수 없는 충격적인 것일 수도 있다. 때문에 청소년들의 연령에 따른 특징들을 살펴보는 것은 자녀의 현재 특성과 놓인 상

황을 이해하는데 도움이 되어 급 & 교육을 효과적으로 이끌 수
있게 해준다.

중학생의 특징

중학교에 진학하는 열네 살이라는 나이는 나름대로 특별한 의
미가 있다. 어린이에서 청소년으로 넘어가는 시기라 급격한 신체
적인 변화와 더불어 자아의식이 상당히 빨리 진행되는 시기에
접어들었다고 할 수 있다.

중학생 무렵의 아이들을 보면 우선 신체적인 변화가 눈에 띈
다. 여자아이의 경우 이르면 열 살을 전후해서 나타나는 경우도
있지만 대개는 열세 살을 전후해서, 그러니까 중학교 입학을 전
후해서 초경을 하게 된다. 생리가 시작되면 성호르몬이 분비되
기 시작하면서 성장호르몬도 증가하여 골격이 커지고 몸에 볼륨
이 생기면서 어른이 될 준비를 시작한다.

또 이 무렵에는 남녀 공히 변성기가 시작되는데 여자아이는
열두 살을 전후해서, 남자아이는 열세 살을 전후해서 나타난다.
변성기란 유아기에서 벗어나 성 호르몬의 균형이 깨지고 사춘기
가 시작되었다는 것을 말한다. 즉 남자아이는 남성으로, 여자아
이는 여성으로 남녀가 본격적으로 구별되기 시작했다는 것을

의미한다.

이와 같이 중학생이 보이는 신체적인 변화의 가장 큰 특징은 본격적으로 어른이 될 준비를 한다는 것이다.

정신적인 변화도 이 시기에 집중적으로 일어나는데 특히 열네 살 이후에는 사물에 의존하지 않는 관념적인 사고가 가능해지기 시작한다고 한다. 즉, 추상적인 설명을 이해할 수 있는 나이에 접어들었다고 할 수 있다.

자의식도 본격적으로 형성되어서 자신에 대한 우월성이 나타나기 시작한다. 예를 들면 남이 사고로 다치거나 실수, 실패와 같은 일을 겪는 것을 보고 자신에게는 절대로 그런 일이 일어나지 않을 것이라고 생각한다.

부모들이 이 시기의 자녀로부터 자주 듣게 되는 "엄마가 내 기분을 알아? 아무도 몰라."와 같은 말은 청소년기에 나타나는 우월감의 극단적인 예라고 할 수 있다. 불량스러운 태도로 엄마의 야단을 듣는 아들의 모습을 볼 수 있는 것도 바로 이 시기다. 사춘기에 접어든 자녀는 부모와 더욱 많은 갈등 관계를 나타낼 가능성이 높다.

정서적으로 이 시기는 부모에 대한 애정과 경멸, 존경심과 열등감이 공존하고 있으며 의존과 독립 등 상반된 감정이 교차하는 시기라 할 수 있다.

또한 아동기와는 달리 친구에 대한 밀착 관계가 나타나는 시기이기도 하다. 전학 등으로 친구와 멀어지는 것에 많은 스트레스를 받을 정도로 친구 관계에 애착을 갖게 된다.

일반적으로 15세에 접어들면 본격적인 대입을 목적으로 공부가 시작되어 학업에 대한 스트레스도 많다고 할 수 있는데, 이것은 초등학생이 받는 스트레스의 두 배에 이른다고 한다.

용돈에 대한 필요성도 급증한다. 이성 친구를 사귀고 어울리는 과정에서 용돈은 초등학교 시절과는 비교도 되지 않을 정도로 많이 필요해진다.

따라서 초기에 제대로 교육하지 않으면 용돈을 효과적으로 쓰지 못하거나 부족한 돈을 충당하는 과정에서 올바르지 못한 방법을 동원할 가능성이 있다. 이 시기에 금융 교육이 이루어지지 않고 용돈만 지급될 경우 자칫 잘못된 소비습관을 키우게 될지도 모른다.

이런 의미에서 용돈은 아이의 금융 교육에 가장 중요한 수단이다. 용돈을 쓰는 방법을 제대로 익히지 못한다면 어떤 금융 교육도 실패할 가능성이 높다. 이 밖에도 용돈을 어떻게 올려줄 것인지, 지급 방식은 어떤 것을 택할 것인지, 그리고 용돈 기입장을 작성하는 방법은 어떻게 가르칠 것인지와 같은 부모의 고민은 아이의 성장에 많은 영향을 미칠 것이다.

고등학생의 특징

고등학생이 되면 정서적인 면에서 존경과 경멸 등 상반된 감정의 비합리성을 완전히 벗어나지는 못하지만 이러한 양가성은 중학교 때에 비해 훨씬 줄어들게 된다.

또 중학생 시절부터 이어온 사춘기는 여러 장면에서 부모와 갈등을 유발하지만 빠른 경우 고등학생이 되면 사춘기가 끝나고 부모를 이해할 수 있는 여유가 생긴다. 소위 철이 드는 것이다.

그리고 중학생 시절에는 상상의 늪에 빠져 비현실적인 사고를 했다면 고등학생 시기에는 현실적이며 합리적 사고를 통해 좀 더 완숙한 수준에 이르게 되고, 관념적 사고는 더욱 성장하여 철학적, 고차원적인 사고를 넘어 비판적 사고를 하게 된다.

한편 고등학생은 신체적으로나 지능적인 능력은 성인에 버금가는 수준으로 성장하지만 의사결정에 대해서는 여전히 자유롭지 못하여 갈등 속에 있다고 할 수 있다. 또한 자신에 대한 탐색이 본격화되어 자신의 장점을 파악하고 어떻게 그것을 활용할 것인가 고민하게 된다.

교우관계에 있어서도 다양한 친구들을 많이 사귀는 것보다는 자신과 성격이 맞는 친구를 선호하는 선택적 교우관계를 맺게 되는 특징을 갖는다. 이 시기의 교우관계는 사회로 이어져 매우 중요한 인맥을 형성하기도 한다.

일반적으로 고등학생이 되면 생각은 더욱 성숙하고 활동 반경도 넓어진다. 용돈을 써야 할 곳도 중학생 때보다 더 많이 늘어난다. 친구랑 여행을 가기 위해 용돈을 모으거나 갖고 싶은 것을 사기 위해 용돈을 모으는 등 목돈을 쓰려고 푼돈을 모을 줄 아는 기초적인 금융 행태가 이루어지는 시기이기도 하다.

또 용돈이 적다고 투덜대는 일이 잦고 정도가 심하면 탈선하기도 한다. 용돈이 절실하게 필요하다고는 생각하지만 그것을 확보하는 방법이나 효과적으로 사용하는 방법에 대해서는 아직 미숙한 단계이기 때문이다.

따라서 고등학생 시기의 금융 교육은 이런 점을 감안하여 좀 더 발전된 금융 교육이 효과적이다. 효과적인 지출방법, 투자 교육 그리고 좋아하는 것이 무엇인지 찾아 그쪽으로 지출할 수 있도록 돕는 것이 이 시기에 부모가 해야 할 금융 교육이다.

우리나라 청소년의 소비습관

부자가 되는 방법을 묻는다면 누구나 많이 벌어야 한다고 할 것이다. 맞다. 틀린 말이 아니다. 많이 벌어야 부자가 되는 것은 당연하다. 그러나 무조건 많이 번다고 부자가 되는 것 또한 아니다. 아무리 많이 벌어도 그에 못지않게 써버린다면 결코 부자가 될 수 없다.

아직은 돈을 버는 방법을 가르칠 수 없는 청소년들에게 지혜롭게 돈을 쓰는 방법을 먼저 가르치는 것은 그래서 중요하다. 그렇다면 어떻게 하는 것이 아이들을 지혜로운 소비생활로 이끄는 길일까?

우선 청소년들의 소비습관을 살펴봐야 할 필요가 있다. 결론적으로 우리나라 청소년들의 소비습관은 그렇게 현명한 편이 못 된다. 신용회복위원회가 전국의 청소년들을 대상으로 소비습관에 관해 조사한 결과에 따르면 응답자 중 '갖고 싶은 것은 일단 사고 본다'(충동구매)라고 응답한 사람이 60.9%, '용돈을 초과해서 사고 싶은 물건을 산다'(과소비)라고 대답한 사람은 72.1%, 그리고 '광고나 유행, 친구를 따라 산다'(모방소비)가 무려 80%나 되는 것으로 나왔다.

반면에 이러한 과소비와 모방소비를 전혀 하고 있지 않다는 청소년은 불과 9.5%와 4.1%에 그치는 것으로 나타났다.

수치가 말해주듯 우리나라 청소년 대부분은 사고 싶은 것이 있으면 무조건 사고 본다. 자신에게 꼭 필요한 것을 사는 것이 아니라 'TV에서 연예인들이 하고 있으니깐, 친구들이 갖고 있으니까 나도 있어야 돼.'라는 생각이 곧바로 모방소비로 이어진다.

청소년의 소비습관

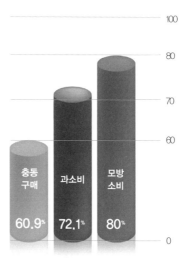

청소년의
소비습관

이것은 선진국의 청소년들에게서는 볼 수 없는 현상이다. 선진국의 경우 대부분의 청소년들은 아르바이트 등 경제적인 활동을 하기 때문에 돈을 쓰는 것에 대한 주의력이 높게 나타난다.

한번 주위를 둘러보자. 혹시 우리 집 아이들도 충동구매와 같은 소비습관에 노출되어 있는 건 아닌지. 아니면 계획에 따라 필요한 것만 골라 사는 지혜를 갖추고 있는지.

그러나 불행하게도 우리나라 청소년 대부분은 돈을 지출하는데 있어 구체적인 계획을 가지고 있지 않다.

이는 매우 위험한 요인을 안고 있다고 할 수 있다. 소비는 경제 활동 중에서 가장 중요한 기초적인 기술 중 하나인데 청소년 대부분은 그 기초적인 기술인 소비에 계획성이 없는 것이다.

이렇게 성장한 청소년들은 사회로 진출하여 소득이 생기더라도 돈을 효율적으로 쓸 수 있는 방법을 몰라 과다 지출로 인해 다양한 금융적 문제를 일으킬 수 있다.

장담할 수 없는 자식 일

어느 날 A군의 아버지는 회사에서 부하 직원들과 회식을 하고 신용카드로 결제하려다가 낭패를 보았다. 한도 초과로 결제가 불가능하다는 것이었다. 연체된 일도 없고 지금껏 아무 문제가 없었는데 한도 초과라니 이해할 수 없었다. 다행히 다른 신용카드가 있어서 그것으로 결제할 수 있었지만 여전히 그 이유를 알지 못했다.

다음 날 A군의 아버지는 신용카드 사용 내역을 확인하고서야 그 이유를 알 수 있었다. 바로 아들 때문이었다. 가지도 않은 고급 레스토랑, 영화관 그리고 놀이동산에서 신용카드가 사용된 것을 알게 되었다.

지난 주말 A군은 아버지가 토요일 휴무로 집에서 쉬는 날 몰래 아버지 지갑에서 골드 신용카드를 빼냈다. 얼마 전 새로 사귄 여자 친구와 데이트를 하기 위해서였다. 이번 달 용돈은 이미 다 써버린 지 오래고 지난달에도 두 번이나 추가 용돈을 받았기에 더 이상 돈을 달라고 할 수가 없었다.

게다가 여자 친구는 사귄 지 한 달 정도밖에 되지 않아서 데이트 비용을 나누어 내기에는 자존심이 상한다. 그래서 아버지의 신용카드를 몰래 가지고 나온 것이다. 비밀번호는 전화번호 뒷자리라 쉽게 알 수 있었다. 사복을 입으니 레스토랑, 영화관 등 아무 거리낌 없이 드나들 수 있었다. 덕분에 여자 친구에게 폼 나는 멋진 남자 친구가 될 수 있었다.

그러나 A군도 걱정은 되었다. 아버지의 신용카드를 들고 나온 것이 벌써 세 번째인데 아버지께 들키면 불호령이 떨어질 것이 뻔했기 때문이다. 아니나 다를까 저녁에 아버지는 화가 단단히 나서 들어오셨다.

한편 아버지는 무조건 야단을 치는 것보다 이러한 행동이 얼마나 위험하고 무책임한 일인지 아들에게 알려주어야겠다고 생각했다. 아버지는 A군을 앉혀놓고 A군이 저지른 일이 얼마나 큰 일인지 설명해주었다.

남의 신용카드를 몰래 사용하는 것은 신용도용에 의한 형사적 문제로까지 비화될 수 있는 일이라 A군이 법적으로 큰 곤욕을 치러야 할지도 모른다고 하였다. 또 아버지가 이러한 사실을 모르고 월말에 신용카드 결제를 하지 않는다면 은행 간에 연결되어 있는 CSS 시스템에 의해 개인의 신용도가 떨어져서 다른 신용카드의 사용 중지는 물론 은행 거래 및 대출에 있어서도 불이익을 받을 수 있다는 것도 설명해주었다.

A군은 아버지의 설명을 듣고 깜짝 놀랐다. 또 깊이 반성했다. 자신이 아버지의 신용카드를 잠깐 사용한 것이 이렇게 무서운 것인지 전혀 몰랐던 것이다.

· CSS 시스템 (Credit Scoring System)

개인 신용평가 시스템. 고객의 신용을 평가하는 시스템으로 평가 항목은 10~40여 개에 이른다. 항목별로 고객의 신용 등급에 점수를 매겨 고객의 이자와 대출금액 등을 차등 결정한다. 신용평가에 가장 크게 영향을 미치는 항목은 연체 기록의 유무이고, 현재는 제1금융권을 중심으로 시행되고 있으며 차츰 제2금융권으로 확산될 것으로 보인다.

혹시 위의 사례가 남의 일처럼 느껴지는가? 우리 집 아이는 절대로 그럴 일이 없다고 확신하는가? 옛말에도 있듯이 자식 일에 대해서는 절대로 장담할 수 없다.

2011년 하반기 한 지방에서 있었던 일이 기사에도 실렸다.

15살 B군은 자신의 집에서 4,000만 원이 들어 있는 아버지의 통장을 들고 가출했다. B군은 아버지의 통장에서 친구 C군의 통장으로 계좌이체를 한 다음 은행을 돌아다니며 70만 원씩 수십 차례에 걸쳐 ATM기에서 돈을 인출했다. 그리고 모텔에 투숙하며 오토바이와 고급시계 등을 구입하는 데 그 돈을 썼다. 다행인지 불행인지 통장 분실 신고를 한 덕택에 B군은 7일 만에 검거되었다. B군은 한 달 전에도 아버지 통장에서 1,000만 원을 인출하여 가출한 적이 있었다.

16세 배 모군은 가출 후 찜질방에서 시간을 보내다가 돈이 떨어지자 자신의 어머니에게 '아들이 공무집행방해로 경찰서에서 조사를 받고 있으니 방문해 달라.'는 문자를 보냈다. 배군은 어머니가 경찰서로 간 사이 집 안으로 들어가 금고를 털어 현금, 상품권 등 2,400만 원과 반지와 목걸이를 훔쳤다. 배군은 친구들에게 수고비로 15~20만 원씩 나누어 주고 본인은 400만 원짜리 오토바이를 구입하는 등 유흥비로 지출했다.

실제로 일어난 이 일들은 모두 청소년이 저지른 일이다. 부모는 자녀가 겨우 몇 만 원의 용돈이 자녀들이 경험하는 돈의 전부라고 믿겠지만, 청소년 자녀들은 이미 수천만 원을 거리낌 없이 쓸 정도로 성인에 버금가는 소비 행태를 보이고 있다.

올바른 소비습관을
잡아라

아이들의 소비습관은 미래의 경제 활동에 매우 강력한 영향을 미치게 된다. 소비는 일반적으로 소득에 따라 변동되지만 습관이 굳어지면 소득이 줄어들더라도 지출하는 금액은 쉽게 줄지 않는다는 특성이 있다.

직장인들 중에도 청소년 시기에 과소비와 충동구매가 습관화된 사람은 월급을 넘는 돈을 쉽게 써버려서 저축을 못하고 빈곤의 나락에서 벗어나지 못하는 경우를 흔히 보게 된다.

따라서 청소년과 같이 쓸 수 있는 돈의 규모가 작을 때 미리 효율적인 지출 행동을 습관화해야 한다. 청소년 시기에 좋은 소비습관이 몸에 밴 아이는 사회에 나가 일을 해서 소득이 생기면 그것을 효율적으로 관리할 수 있는 능력을 발휘할 수 있다.

월마트의 창시자 샘 월튼은 재산이 20조 원이 넘는다고 한다. 평소에 그는 절약을 미덕으로 돈을 함부로 쓰지 않는 사람으로 유명하다. 하루는 기자들이 샘 월튼을 기다리며 샘이 들어오는 기자회견장 입구에서 잘 보이는 곳에 1센트짜리 동전을 던져두고 과연 샘 월튼이 동전을 줍는지 어떤지 내기를 했다.

드디어 샘 월튼이 도착했다. 회견장으로 들어오던 샘은 1센트짜리 동전을 발견하고는 망설임 없이 허리를 굽혀 동전을 줍는 것이 아닌가? 기자들은 그의 행동에 "역시 샘 월튼이다."라고 했다고 한다.

20조 원의 재산을 가지고 있음에도 1센트를 아끼는 절약 정신이 바로 그를 세계적인 부자로 만들어준 원동력이라는 것을 잘 보여주는 에피소드다.

부모의 소비 성향이
자녀의 소비 패턴에 영향을 미친다

사실 자녀의 소비 패턴은 부모의 그것과 맞닿아 있다. 무작정 지급하는 용돈, 부모의 무계획적 소비습관은 알게 모르게 자녀의 소비 성향을 결정하고 있다.

알뜰하게 지출하는 가정의 자녀는 부모처럼 돈을 알뜰하게 사용할 가능성이 높고, 무계획적이고 편의에 따라 지출하는 부모의 성향은 고스란히 자녀에게 전달된다. 부모의 태도를 교육으로 규정하지 않아도 자녀는 부모로부터 배우고 있는 것이다.

소비는 크게 합리적 소비 패턴과 소모성 소비 패턴으로 나눌 수 있다. 합리적 소비 패턴은 남이 필요 없다고 버린 물건이 자신에게 요긴하다면 그것은 당연히 가져와서 쓸 수 있는 것이며 그런 행동에 대해 부끄러움을 느끼지 않는다.

소모성 소비 패턴은 한마디로 과시형 소비 패턴이라고 할 수 있다. 우리나라는 불행히도 소모성 소비 패턴에 물들어 있다. 남이 버린 물건이 멀쩡해도 다른 사람의 눈치를 보느라 그것을 가져오지 못한다. 내 차가 3년을 넘어가면 빚을 내서라도 새 차로 바꿔야 한다. 옆집에서 더 큰 차로 바꿨기 때문이다.

이러한 부모의 소비 패턴은 자녀에게서 고스란히 나타난다. 다른 친구보다 최신 기종의 핸드폰을 가져야 하고 운동화는 유명 브랜드 제품을 신어야 한다. 깨끗하고 편하고 저렴한 것이 가장 좋은 물건이지만 친구와 비교를 해야 하는 마음에 편치 않다.

이것은 돈의 문제가 아니라 정신적 가치관의 문제다. 청소년들은 의식하지 못하는 사이에 부모로부터 충분히 이런 생각을 전달받고 있다. 충동구매는 어쩌면 소비습관이 아니라 사회적 현상일 수 있다.

우리 아이들의 조부모들은 아무리 적게 벌어도 저축하고 빚 없는 생활을 했지만 부모 세대는 아무리 벌어도 저축을 못하고 빚에 허덕이며 살고 있다. 사회적으로 형성된 소비 성향이 가계에도 영향을 미치는 것이라 할 수 있다.

이러한 소비 패턴은 무조건 바꾸어야 한다. 자녀를 위해서라도 바꾸어야 한다.

당연한 말이지만 합리적 소비 패턴으로 전환해야 부자가 될 수 있다. '남이 쓰니깐 나도 써야 한다.'고 생각 없이 쓰다 보면 평생 가난에서 벗어날 수 없다.

우리나라, 특히 서울은 세계에서 몇 손가락 안에 꼽힐 정도로 물가가 높은 곳이다. 부모의 절약하는 소비, 합리적 소비 그리고 효율적 소비만이 자녀의 올바른 소비 패턴을 만들 수 있다. 부모의 본보기가 자녀를 자극한다.

3년 후
일어날 수 있는 일

고등학교에 입학한 아이는 3년 후 사회에 진출하거나 대학생이 된다. 아이는 꿈을 가득 안고 희망에 부풀어 있지만 부모의 입장은 정반대다. 부모의 고통은 그때부터 시작이다.

자녀가 대학에 간다면 우선 용돈을 40~50만 원으로 올려줘야 한다. 교통비가 하루에 2,000~5,000원은 필요하다. 또 점심을 사먹어야 하고 취업 공부를 하기 위해 밤늦게까지 공부하려면 저녁도 사 먹어야 한다. 식대로 하루에 1만 원 정도가 들어간다. 통신비도 한 달에 15만 원을 훌쩍 넘어간다. 친구도 만나고 데이트도 해야 한다. 옷도 사 입어야 한다. 이처럼 대학생 자녀에게 50만 원은 결코 많은 돈이 아니다.

이러다 보니 매달 생활비에서 자녀의 용돈이 차지하는 비율이 낮지 않다. 아껴 쓰라고 당부하지만 부모의 잔소리는 이제 흘려 듣는다. 대학생 자녀는 스스로도 머리가 컸다고 생각하기 때문에 부모의 말을 들으려고 하지 않는다. 금융 교육은 이미 시킬 수 없는 존재가 되어버린 것이다.

그런 자녀가 아르바이트를 한다고 한다. 용돈이 부족하니 스스로 내린 결정이다. 한 달 동안 열심히 일해서 돈을 손에 쥐었다. 그런데 그 돈으로 덜컥 최신 핸드폰을 사고 만다.

이것은 실제 대학생을 자녀로 둔 가정에서 흔히 일어나고 있는 일이다. 부모는 대학생 자녀에게 하는 용돈 교육이라는 것이 고작 "아껴 쓰라."는 말밖에 없다. 그렇다고 고쳐지는 것은 아무것도 없다.

대학생이 되면 더 이상 자녀의 지출 습관을 교정할 수 없다. 불과 3년 사이에 부모는 자녀를 통제할 수 없는 시기가 되고 만 것이다. 부모의 입에서 나오는 것은 고작 "중고등학교 때 철저히 교육을 시켰어야 했어……."라는 탄식뿐이다.

현실적으로 금융 교육이 가능한 시기는 고등학생으로 끝난다. 문제는 여기서 그치지 않는다. 금융 교육을 받지 못한 채 대학생활을 끝낸 자녀는 사회생활을 하면서도 어려움을 겪을 것은 당연하다.

용돈 교육은 자녀가 청소년 시기에 있을 때 해야 한다. 그리고 부모가 간섭할 수 있을 때 시작하는 것이 좋다. 중고등학생 시절부터 시작한 금융 교육은 대학생에 이르러 자율성과 어우러져 효과는 더욱 빛을 발할 것이다.

누구는 자녀가 대학 입시 공부에 바빠 한가하게 금융 교육을 시킬 여유가 없다고 한다. 그러나 가만히 생각해보면 공부를 못해서 대학에 떨어지는 것보다 금융 교육이 부족해서 사회생활에 어려움을 겪는 것이 더 위험할지도 모른다.

아이의 입장에서 과연 어느 것이 더 행복한 삶일까? 대학을 나와도 취업이 힘들 수 있지만 금융 교육은 실전에서 이루어지는 현장 학습인 관계로 실패가 없다. 입시 교육의 단 5%만이라도 금융 교육에 시간을 할애한다면 아이의 인생은 상상할 수 없을 만큼 달라질 수 있다.

자녀의 소비 성향 체크

·TV에 나오는 예쁜 연예인의 옷이나 액세서리를 보면 꼭 사고 만다.

·친구가 신형 핸드폰을 사면 부모님을 졸라 꼭 바꾸고 만다.

·하교 길에 예쁜 물건을 보면 자기도 모르게 산다.

·한 달 용돈을 모두 갖고 다니며 쓴다.

·한 달 용돈은 받은 지 일주일 만에 바닥난다.

·할인 마트보다 가까운 편의점을 이용하는 편이다.

·친구들에게 종종 돈을 빌려 달라고 한다.

·엄마 외에 아빠에게 따로 용돈을 몰래 받는다.

※ 위 사항에 해당되는 것이 많을수록 과소비, 충동소비, 모방소비의 성향을
   갖고 있을 확률이 높아진다. 자녀는 물론 부모도 각별한 주의가 필요하다.

8

투자를
가르쳐라

아이가 미래에 경제적으로 안정된 삶을 살기 위해서는 무엇보다도 돈에 대한 개념을 빨리 정립하는 것이 중요하다. 그중에서도 투자에 대한 지식과 경험을 쌓을 수 있도록 도와주는 것이 매우 중요하다.

투자는 꼭 필요한 금융 지식

돈을 효율적으로 쓰는 것이 성공의 기본 조건이라고 한다면 투자는 성공의 필수 조건이다. 그럼에도 우리 아이들이 학교에서 받는 금융 교육은 성공을 이루기에 충분하다고 할 수 없다.

한국개발연구원(KDI)에 따르면 "국민공통 기본 교육 과정에서 경제 교육이 차지하는 비중은 중학교 1학년부터 고등학교 1학년까지 받게 되는 총 수업 시간의 0.7%에 불과하다."고 한다.

청소년들의 경제 과목에 대한 선호노도 낮아서 9개 사회 과목 중 경제는 4위에 그쳤다. 뿐만 아니라 1,500여 개 고등학교 중에 경제 과목을 선택 과목으로나마 가르치는 학교는 606개에 지나지 않았다.

이를 반영하듯 한·미·일 고등학생들의 경제 이해력을 측정한 결과 우리나라 학생이 55%로 가장 낮게 나타났다. 이러한 문제는 경제 과목을 가르치는 선생님들의 전문성 부족에서도 기인하고 있다. 경제학과 출신의 교사 비율은 중학교가 5.9%, 고등학교가 10.9%에 불과하다.

또한 학교에서 주로 전달하는 경제 교육은 금융 생활을 위한 배경이 될 뿐이지 실제로 적금 통장을 개설하는 방법과 용돈을 어떻게 관리하고 어떻게 투자해야 하는지 등에 대한 정보는 부족하다.

이것은 현장에서도 바로 확인할 수 있는데 실제로 중고등학생들은 금융 생활에 필요한 이자와 수익률, 복리와 단리 등 기본적인 금융 용어조차 구분하지 못하는 학생이 태반이다. 학교 교육의 목적이 사회의 일원으로 살아갈 수 있는 능력을 함양하는 것이라면 가장 중요하다고 할 수 있는 경제 활동에 필요한 기본적인 지식조차 학교에서는 제대로 전달하고 있지 못하다는 점에서 안타까울 따름이다.

부모는 가정에서 적어도 자녀의 학업 성적에 신경을 쓰는 만큼 투자 교육에도 주의를 기울여야 한다. 투자의 원리가 무엇이며 어떻게 하는 것인지 그리고 이자나 수익이 어떻게 발생하는지 등을 부모의 실제 경험을 바탕으로 확실하게 가르쳐야 한다. 앞으로 우리 아이들은 투자와 그 환경에 대해 이해하지 못한다면 성공을 기대할 수 없다고 할 수 있다.

태산 고등학교에 친한 두 친구가 있었다. 중학생 때부터 단짝으로 지내온 두 친구는 고등학교까지 같은 학교로 진학하게 되어 매우 기뻤다. 두 친구는 같은 학교에 진학한 것을 기념하여 초등학생 때부터 모아온 각자의 용돈을 저축하기로 했다.

그런데 친한 친구라 그런지 모아둔 돈도 똑같이 100만 원이었다. A라는 친구는 그 돈을 은행에 예금하였고 B는 아버지의 도움을 받아 증권사에 가서 펀드라는 상품에 투자하였다.

다시 시간이 흘러 3년 후 졸업하게 된 두 친구는 고등학교에 입학할 때 각자의 방식으로 저축한 돈을 찾았다. 그런데 이게 어떻게 된 일일까? 3년 전 똑같이 100만 원을 예금했는데 찾고 보니 20만 원 가깝게 금액 차이가 나는 게 아닌가.

A는 저축한 100만 원이 3년 후 115만 원이 되었고 B는 133만 1,000원이 되었다. 똑같은 금액을 똑같은 기간 동안 저축했는데

왜 금액이 차이가 나는 것일까?

위에서 예로 든 두 친구의 저축 금액이 3년 후에 왜 달라졌는지 한번 알아보자. 동일한 금액을 저축하더라도 여러 가지 요인에 따라 만기 시 찾게 되는 금액은 달라질 수 있다. 우선 두 친구가 저축한 상품이 달랐다.

어떻게 달랐을까? 계산을 쉽게 하기 위해 이자 소득세는 없다고 가정한다. A는 은행에 연이율 5%짜리 예금에 가입하여 3년 후 이자가 15만 원이 발생했다. 반면 B는 펀드라는 간접 투자 상품에 투자하여 연 수익률이 10%가 된 덕에 3년 후 33만 1,000원의 수익을 올렸다. 표를 통해 다시 한 번 확인해본다.

단위 : 원

	가입 상품	만기 금액	이자/수익금	예치 기간	이자/수익률	특징
A	은행 예금	1,150,000	150,000	3년	5%	안정/확정
B	간접 투자	1,331,000	331,000	3년	10%	고수익/변동

· 이자 소득세

만기 지급 시 발생한 이자 소득에 대해 부과하는 세금으로서 15.4%를 부과한다. 예를 들어 100만 원을 저축하여 10만 원의 이자가 발생했다면 이자 소득세는 15,400원이 된다.

그런데 10%씩 수익이 났으면 3년간 30만 원이 되어야 하는데 33만 1,000원이 된 것은 또 왜일까? 이것은 상품의 성격에 따라 수익이 발생하는 방법이 다르기 때문이다. 만약 100만 원이 아니고 1,000만 원이었다면 그 차이는 더 벌어졌을 것이다.

투자와 저축의 차이

아무리 절약을 잘한다 하더라도 은행이나 증권사에 맡기지 않는다면 그 돈은 불어나지 않는다는 것은 누구나 알고 있다. 그러면 어느 곳에 맡겨야 더 큰 이익을 볼 수 있을까?

먼저 예금은 은행으로부터 확정된 금리를 받기로 하고 목돈을 맡기는 것이다. 위의 예와 같이 연이율 5%를 받기로 하고 100만 원을 은행에 맡긴 것과 같다. 확정 금리란 예금·적금 가입 시 지정된 이자를 보장해주기로 한다는 약속이다. 은행의 금리는 때에 따라 변동되기도 하고 은행마다 다를 수 있다.

이에 반해 투자는 은행 상품과는 다른 성격을 가지고 있다. 투자는 확정되지 않은 수익을 목적으로 한다. 투자 환경과 조건에 따라 수익이 많이 날 수도 있고 반대로 손해를 보기도 한다. 때문에 투자는 과거의 평균적인 수익률을 근거로 결정하게 된다.

투자는 다시 직접 투자와 간접 투자로 구분할 수 있는데 직접 투자는 자신이 직접 투자 대상을 선택하고 수익과 위험을 스스로 관리하는 것을 말한다. 반면 간접 투자는 투자 대상을 투자자가 선정하고 운용은 전문가 집단에 맡기는 투자 방법이다. 투자에 있어서 그 수익이나 손해는 투자자에게 귀속된다.

직접 투자의 대표적인 것이 주식이며 간접 투자의 대표적인 것은 앞에서 예로 든 B가 가입한 펀드다.

① 직접 투자와 간접 투자

가령 전자회사에 투자하기를 원한다면 100만 원을 직접 삼성전자에 50만 원, LG전자에 30만 원 그리고 대우전자 주식에 20만 원씩 각 종목을 선택하여 투자하는 것이 직접 투자다. 반면에 전자회사에 주로 투자하는 펀드를 이용하는 것이 간접 투자다. 그 펀드 안에는 전자회사가 40~100개 가까이 있으므로 투자한 100만 원이 여러 군데로 나뉘어 투자되는 것이다.

이 과정에서 수익이 발생하도록 펀드를 관리하는 전문 운용사로부터 투자 운용에 관해 도움을 받게 된다. 투자에는 확정된 이자나 수익이 없다. 운용을 잘해서 수익이 많이 날 수도 있고 그렇지 못해서 손해를 볼 수도 있다. 그리고 투자 결과의 몫은 투자자에게 투자 비율대로 돌아간다.

이처럼 저축은 안전한 반면 투자는 위험할 수 있다. 반면에 투자는 수익이 높을 수 있지만 저축은 대체로 수익이 낮다는 특징을 가지고 있다. 수익만 보면 투자를 하는 것이 유리한 듯 보이나 대신에 위험이 따른다는 것을 감안해야 하므로 어느 것이 절대적으로 낫다고 할 수는 없다.

설령 아직 나이가 어리다 해도 자신의 풍요로운 미래를 꿈꾼다면 이 정도의 지식은 가지고 있어야 한다.

주식과 펀드 투자의 비교

	안정성	투자 방법	수익률	목돈 예치	매월 불입	투자종목 수
주식	낮다	직접	높다*	가능	불가	소수
펀드	높은 편	간접	낮다	가능	가능*	다수

* 높다 : 주식시장이 호황일 때는 직접 투자가 수익률이 더 좋을 수 있는 반면 반대의 경우 손해를 더 많이 볼 수도 있다.
* 매월 불입 : 매월 적금처럼 투자할 수 있다.

② 펀드

그럼 간접 투자의 대표 격인 펀드에 대해서 좀 더 알아보자. 펀드라는 것은 투자를 원하는 사람들의 자금을 모아 정해진 투자 성격에 따라 투자를 하고 그 수익이나 손해를 투자 비율만큼 나누어 갖는 것이라고 할 수 있다. 펀드는 크게 성장형, 가치형 그리고 배당형으로 나뉜다.

쉽게 설명하면 바다에 나가 그물을 이용해 물고기를 잡는 배가 있다. 이미 자랄 대로 자란 물고기를 잡기 위해 주로 망이 넓은 그물을 사용하는데, 이런 배가 성장형 펀드의 구조와 같다고 할 수 있다. 다시 말해서 성장형 펀드는 삼성전자와 같이 이미 성장한 기업에 투자하여 즉각적인 수익을 노리는 것을 말한다.

그리고 치어 같은 작은 물고기를 양식장에 가두어 좀 더 키워서 비싼 값에 팔 것을 목적으로 하는 것이 가치형 펀드라고 할 수 있다. 즉 바로 팔아서 큰돈을 버는 것이 아니라 조금 더 키워서 제값을 받아야 하는 펀드가 가치형 펀드다. 당연히 성장형보다는 수익을 내는 데 시간이 더 걸리게 된다. 이 경우 미래의 가치를 기대하며 투자한다고 해서 가치주라고도 불린다.

마지막으로 배당형 펀드는 물고기를 잡아서 파는 것이 아니라 연어처럼 그 알을 팔아서 소득을 확보하고자 하는 것과 같다. 즉, 연어를 가두어놓고 연어가 낳는 알을 팔아서 수익을 얻는 것을 배당형 펀드라고 할 수 있다. 배당형 펀드는 매년 또는 일정한 기간이 되면 정해진 이자를 주는데 성장형 펀드보다 수익은 적을 수 있으나 안전하다.

이 밖에도 펀드를 대형주, 중소형주 그리고 채권형 등으로 나누기도 한다.

③ 평균 매입 단가 하락의 효과

간접 투자 즉 펀드는 청소년들이 투자 상품으로 무리 없이 이용할 수 있는 금융 상품이라고 할 수 있다. 전문 관리회사가 수익을 관리해줄 뿐만 아니라 용돈 등 적은 돈으로도 투자할 수 있기 때문이다. 직접 투자로 한꺼번에 주식을 사는 것에 비해 펀드가 갖는 장점으로는 아래와 같은 것이 있다.

가령 두 사람이 투자할 금액으로 3만 원을 가지고 있다고 하자. A라는 사람은 기준 가격이 한 좌당 1,000원일 때 3만 원을 투자하여 30주의 주식을 한꺼번에 샀다. B라는 사람은 같은 3만 원을 펀드로 한 달에 1만 원씩 나누어 투자했다. 즉 1,000원일 때 1만 원을 투자하여 10좌를 구입하고, 다음 달에 기준가가 500원으로 떨어졌을 때 다시 1만 원을 투자하여 20좌를 샀다. 그리고 다음 달에는 700원까지 주식 가격이 회복되어 약 14.2좌를 살 수 있었다.

그런데 떨어지던 주식시장의 회복으로 기준가가 다시 1,000원으로 상승했다. 이 가격에 두 사람은 똑같이 구입한 주식을 모두 팔았다.

이제 두 사람의 투자 수익을 정산해보면 A는 3만 원을 투자하여 30주를 샀지만 역시 구입한 가격과 동일한 1,000원에 팔았으니 투자 수익률은 0%가 된다.

B는 어떨까? 먼저 B가 구입한 모든 좌수를 합해보자. 10+20+14.2=44.2이므로 B가 3만 원을 투자하여 구입한 펀드 좌수는 44.2좌다. 이제 펀드가격이 다시 1,000원이 되었으니 모두 팔아서 얻게 된 금액은 1,000×44.2=44,200원이 된다. 수익률은 약 47%가 된다.

코스트 에버리지(Cost Average) 효과

단위 : 원, 좌

지출 항목		A	B
투자금액		30,000	30,000
기준가에 따른 구입 좌수	1,000	30	10
	500	0	20
	700	0	14.2
총 구입 좌수		30	44.2
평가액 (1,000)		30,000	44,200
수익률		0%	47%

·기준가격

펀드 내에 들어와 있는 모든 자산 금액에서 부채 금액을 빼고 그것을 좌수로 나눈 값을 말한다. 이것은 펀드 매매의 기준이 된다.

·좌

펀드의 매매 단위. 주식의 주식 수와 비슷한 개념.

결과적으로 A, B 두 사람 모두 같은 금액을 투자했지만 투자 방법에 따라 수익은 많은 차이가 났다. 이처럼 매달 일정하게 주식을 매입함으로써 한 번에 투자하는 것보다 안전하고 높은 수익을 얻을 수 있는 것이 바로 적립식 펀드의 매력이라고 할 수 있다.

④ 펀드 투자의 권유

부모가 자녀를 상대로 금융 교육을 할 때 가장 힘들게 생각하는 것이 바로 투자에 관한 부분이다. 우리나라는 펀드 개수가 1만 개를 넘어가도 가정에서 직접 투자를 실천하고 있는 경우는 아직 드물다.

학교 공부든 가정 교육이든 우리나라에서 행해지는 모든 교육은 엄마가 담당하고 있는 상황을 감안한다면 투자를 자녀에게 가르친다는 것은 여간 부담스러운 일이 아니다. 그렇다고 자녀에게 "네가 알아서 해라."라고 할 수 있는 영역도 아니다.

그렇다면 어떻게 해야 될까? 제비를 한번 떠올려보자. 제비는 새끼를 낳으면 둥지로 부지런히 모이를 물어다 나른다. 아직 날 준비가 되어 있지 않은 새끼제비가 날 수 있을 때까지 굶어죽지 않게 하기 위해서다.

이렇게 어미제비처럼 엄마는 아이가 경제적으로 성장할 수 있도록 아이에게 금융 정보를 물어다 전달하면 어떨까?

고1 자녀를 둔 저자의 지인은 자녀에게 투자에 대한 이해를 돕기 위해 어미제비가 되는 것을 주저하지 않았다.

그녀는 우선 근처 증권사를 찾아가 펀드를 하나 추천받았다. 그리고 펀드의 성격, 가입하는 순서, 투자 보고서를 보는 방법 등 상품에 관한 세세한 부분까지 기록하고, 유사한 펀드와 성격이 전혀 다른 펀드 역시 추천받았다.

그리고 아이에게 자신이 들은 내용을 설명해주고 펀드에 투자할 것을 권했다. 그녀는 이후에도 가입한 펀드의 수익률을 추적하면서 획득하게 된 모든 정보를 아이에게 전달했다.

결국 엄마의 금융 지식이 늘어난 것은 물론이거니와 자녀의 금융 지식도 높아진 것은 말할 것도 없다. 모자는 틈만 나면 서로의 펀드 수익을 비교해보고 그 환경에 대한 공부로 자연스러운 투자 지식을 확보할 수 있었다.

그럼 펀드의 장점에 대해 다시 한 번 짚어보겠다. 우선 펀드는 종류가 다양하여 원하는 것에 투자할 수 있다. 또 적은 돈으로도 투자할 수 있고 전문적인 관리회사의 관리로 안정적이다. 마지막으로는 거치형, 적립형, 추가형과 같이 투자 방법이 다양하다.

자녀에게 펀드를 개설해주기 위해서는 자녀의 저축 통장을 이용하면 된다. 펀드는 부모님이 가족임을 확인할 수 있는 주민등록등본과 도장을 가지고 가까운 증권사에 가면 자녀의 이름으로 개설할 수 있다. 매달 일정 금액을 불입하는 적립형이나 일시에 불입하는 거치형이 있다.

용돈 통장으로 유용한 CMA는 동일한 방법으로 개설이 가능하다.

예금과
적금의 차이

다음으로 예금과 적금의 차이에 대해 알아보자. 실제 청소년들을 대상으로 조사한 바에 따르면 청소년들은 대부분 예금과 적금의 차이를 알지 못하는 것으로 나타났다. 예금은 정기예금이라고도 하고 목돈을 한 번에 예치하는 것을 말한다. A가 은행에 100만 원을 3년 동안 맡긴 것을 예금이라고 한다.

이에 반해 적금은 목돈을 한 번에 예치하는 것이 아니라 매월 일정금액을 은행에 불입하는 것을 말한다. 예를 들어 한 달에 10만 원씩 3년 만기 후 찾는 조건으로 불입하는 것이 적금이다. 목돈이 없을 때 목돈을 만들기 위하여 사용할 수 있는 저축 방법이다. 같은 이자라 할지라도 만기 시 받을 수 있는 총 이자 금액은 예금이 적금보다 높다.

① 단리와 복리의 차이

이자나 수익률이 붙는 형식에도 두 가지가 있다. 가령 100만 원을 5%의 이자로 3년간 예금으로 저축했을 때(세금을 무시한다면) 단리의 경우 만기 시 15만 원의 이자가 붙지만 복리의 경우는 15만 7,625원이 된다. 역시 금액이 많거나 예치 기간이 길 경우는 이자에 의한 금액 차이는 더 벌어진다.

이처럼 단리의 경우 100만 원에 대한 이자가 연 5%이므로 매년 5만 원씩 이자가 붙는다.

복리는 쉽게 말해서 이자에 이자가 붙는 것을 말한다. 즉, 첫해는 100만 원에 대한 5%의 이자가 붙어서 105만 원이 되고, 다음 해는 105만 원에 대해 5%의 이자가 붙고, 마지막 해에는 ((100만 원×1.05)×1.05)×1.05가 이자로 발생한다는 것이다.

앞에서 예로 든 B 학생이 연 10%의 수익이 나서 33만 1,000원이 된 것은 바로 복리로 수익률이 계산되었기 때문이다. 따라서 똑같은 금리가 적용되더라도 이자가 발생하는 방법이 복리냐 단리냐에 따라 수익은 달라질 수 있다. 이것은 가입하고자 하는 상품을 선택하는 데 있어서 중요한 선택 기준이 되기도 한다.

② 예금자 보호법

청소년들이 알아야 할 또 다른 금융 지식으로는 예금자 보호법이 있다. 금융 상품 중에는 예금자 보호법에 의해 보호를 받는 상품이 있고 예금자 보호법의 적용을 받지 못하는 것이 있다.

주로 은행에서 가입하는 예금이나 적금의 경우는 예금자 보호법의 적용을 받게 된다. 즉, 일반 계정에서 안전하게 운용하여 금융기관이 확정 이자를 담보해줄 수 있는 경우에는 예금자 보호법의 적용 대상이 된다.

반면 투자 수익을 목적으로 하는 투자 상품은 변동하는 수익을 목적으로 운용되어 예정된 수익을 담보받을 수 없다. 즉, 예금자 보호법의 적용 대상이 아니다.

예금자 보호법의 적용을 받게 되면 은행이 파산하더라도 금융회사마다 가입자 1인당 5,000만 원까지 되돌려받을 수 있다. 여기서 1인당이란 한 금융회사에서 보호해주는 금액이 가입 상품당 5,000만 원이 아니라 한 사람당 5,000만 원으로 한정한다는 뜻이다.

가령 한 은행의 두 가지 상품에 각각 6,000만 원씩 예치해두었는데 은행이 파산했다면 1억 2,000만 원이 아니라 5,000만 원만 보장해준다는 것이다. 따라서 각 은행에 나누어 예치해둔다면 이러한 위험을 피해갈 수 있을 것이다.

그리고 모든 금융회사가 예금자 보호법을 적용하는 것이 아니고, 상품마다 혹은 회사마다 다를 수 있다는 것도 알고 있어야 한다. 주로 증권사나 은행에서 판매하는 펀드를 비롯해 주식 등 투자 상품은 예금자 보호법을 적용받지 못한다.

즉, 투자 상품을 통해 손해를 보면 그 손해는 증권사나 은행에서 보장해주지 않기 때문에 투자자가 부담해야 한다는 말이다. 만약 앞에서 예로 든 두 친구가 가입한 은행이나 운용사가 모두 파산했다면 은행에 예금한 A는 원금인 100만 원을 모두 돌려받지만 펀드에 투자한 B는 한 푼도 돌려받지 못한다. 이것이 예금자 보호법이다.

금융권의 이해

우리나라에서는 금융권을 제도권과 비제도권으로 나눈다. 제도권이란 정부를 비롯한 공적 기관의 관리 대상 영역에 포함되는 금융회사를 말한다. 금융감독원과 같은 기관으로부터 감독을 받아야 하므로 비제도권 금융시장보다 훨씬 안정적이다.

반면 비제도권은 당국의 관리 영역을 벗어나 임의로 운용하는 것을 목적으로 하는 비공식적인 금융기관을 말한다. 신용도가 낮은 대학생들이나 신용불량자들이 주로 돈을 빌리는 곳인 대부업체와 사채업자들이 바로 비제도권에 속한다.

제도권은 다시 제1금융권과 제2금융권으로 나뉜다. 제1금융권은 수출입은행, 기업은행과 같은 특수은행, 국민은행, 우리은행과 같은 일반은행 그리고 지방 금융을 활성화하기 위한 부산은행과 같은 지방은행으로 분류한다.

제2금융권은 보험회사, 증권회사, 투자신탁회사 그리고 상호저축은행이 여기에 포함된다. 이 외의 금융기관을 제3금융기관으로 통칭하기도 한다.

중요한 것은 제도권 안에 있는 금융회사라고 모두 원금 보장과 같은 안전성이 확보되는 것은 아니다. 같은 회사 내에서도 예금자 보호가 되는 상품이 있고 그렇지 않은 상품이 있다는 것을 알아야 한다.

자녀에게
투자를 자극하라

그러면 도대체 우리 아이가 예금을 들어야 하나 아니면 투자를 해야 하나 의문이 들 것이다. 결론부터 말하자면 아이들에게는 투자를 가르쳐야 한다.

예금이나 적금으로는 자산을 늘리기에 한계가 있을 뿐만 아니라 가입할 때 금리가 거의 확정되어 있기 때문에 금융 환경에 대한 관찰이나 이해가 필요 없다는 단점이 있다. 다시 말해서 확정된 금리는 주변의 경제 환경에 영향을 받지 않아 특별한 주의가 필요치 않고 교육적 효과를 기대하기도 어렵다.

그에 비해 투자는 사회, 문화적인 환경을 비롯해 금융 환경 등 다양한 환경 변화까지 고려해야 하기 때문에 다방면의 지식을 요구한다.

투자 수익에 영향을 미치는 것은 환율, 경제 사정, 금리, 물가, 외국의 경제 환경, 수출, 수입, 부동산 등 다양한 요소가 있는데 이러한 것들에 대한 지식을 갖추어야 비로소 투자를 할 수 있기 때문이다.

투자는 모두 위험한 것으로 생각하기 쉬우나 투자에 관련된 다양한 정보와 지식을 결합한다면 보다 안정적인 투자가 가능하다.

청소년이 투자를 알아야 하는 이유는 이처럼 투자라는 수단

금융 상품 비교

	단리	복리	실적배당	확정금리	예금자 보호	판매사		수익
						은행	증권사	
예금·적금	○			○	○	○		낮다
투자		○	○			○	○	높다

을 통해 다양한 분야로 지식을 확대하여 세상의 흐름을 볼 수 있는 눈을 가지게 할 뿐 아니라, 위험에 대한 이해와 그것의 관리 필요성을 깨달을 수 있기 때문이다.

우리나라도 투자 환경이 많이 성숙되었다. 또 미국을 비롯한 다른 나라의 경제 변화가 우리 경제에 직접적으로 영향을 미친다는 점을 감안하면 수익의 확보 차원이나 교육적 측면에서도 당연히 투자를 선택하는 것이 옳다.

경제적인 이익과 교육적인 효과, 두 마리의 토끼를 한 번에 잡을 수 있는 것이 바로 투자 교육이다.

내 돈이 두 배가
되게 하려면

    용돈을 절약해서 매달 펀드에 투자하거나 은행에 저축한다면 연 복리로 계산할 때 언제 투자 원금의 두 배가 될까?

    예를 들어 100만 원을 연이율 6%의 예금에 예치한다면 12년 후(72÷6)에는 200만 원을 찾게 된다. 10% 상품에 예치한다면 7.2년 후(72÷10)에는 두 배가 된다. 이것이 복리금리에 대해 원금의 두 배가 되는 기간을 산출하는 방법인 72의 법칙이다. 간단하게 계산할 수 있으므로 이자율이나 투자율을 비교할 수 있다.

9

금융 상품을
활용한 교육

아이들이 경제 지식이나 금융 정보를 아는 것은 중요하다. 그러나 단순히 아는 것에서 그친다면 이 또한 어리석은 짓이다. 마치 수십 년간 영어를 배우지만 외국인 앞에서는 회화 한 자락 유창하게 하지 못하는 우리나라 영어 교육의 한계처럼 기껏 배운 지식이 웅덩이에 고여 썩은 물처럼 그 활용 가치를 잃고 말 것이다.

청소년들에게 적합한 금융 상품들을 선택해서 실생활에서 활용할 수 있도록 이끌어주는 것은 이런 점에서 매우 중요하다. 초등학교 시절에 경험한 금융 교육과는 또 다른 수준의 교육이 될 것이며 교육 효과 역시 이전과는 비교할 수 없을 정도로 높을 것이다.

청소년 시기에 이용하기에 적합한 금융 상품을 선택하는 기준은 우선 안정성이 뒷받침되고 이용하기에 쉬운 것이어야 한다. 간접 투자로 운용되는 것 중에서는 이용하기 쉽고 수익을 올릴 가능성이 높은 것이 펀드다.

다음으로 용돈을 관리할 수 있는 통장도 필요하다. 수시로 입출금이 가능하면서 이자를 높게 확보할 수 있는 CMA가 또한 맞춤이다.

이 두 가지 상품은 청소년들이 이용하기에 부담이 없고, 부모가 전문적인 금융 지식을 갖추고 있지 못해도 청소년 자녀의 금융 활동에 적극적으로 개입할 수 있다는 장점도 있다.

청소년이 이용할 만한
금융 상품들

① CMA(Cash management account)

CMA는 어음관리계좌 또는 자산관리계좌라고도 한다. 이 상품의 특징은 하루를 맡겨도 이자가 붙는다는 데 있다. 이율은 보통예금보다 높은 편이며 입출금이 자유롭다는 장점이 있다. 은행, 증권사 등에서 자유롭게 가입할 수 있다.

일반적으로 은행의 요구불 예금의 이율이 연 0.4% 정도인 것을 감안하면 CMA의 연 평균 3.5%에 이르는 이율은 꽤 높은 편이라고 할 수 있다.

무엇보다 이자가 하루 단위로 붙고 직불카드를 사용할 수 있기 때문에 청소년들이 용돈 통장으로 활용하기에 편리하다는 장점이 있다.

② **펀드(Fund)**

펀드는 자녀들이 이용할 수 있는 투자의 핵심 상품이라고 할 수 있다. 간접 투자의 대표 상품인 펀드는 안전하며 관리가 쉬워서 자녀를 위한 투자 상품으로 추천하기에 적합하다.

용돈 중 저축 금액으로 할당된 금액을 활용하는 데 적절하다. 매달 일정하게 적립해 나간다면 불입에 대한 수익을 기대할 수 있어 자녀를 자극하기에 좋다.

③ **적금**

만일 펀드나 CMA와 같은 투자 상품보다는 안전한 은행 적금을 원한다면 제1금융권과 제2금융권 중에서 예금자 보호가 되는 상품에 가입하는 것이 좋다.

이 외에도 수많은 파생 상품을 비롯한 금융 상품이 있지만 청소년들이 관리하기에는 부담이 되는 것들이 대부분이다. 일정한 금액의 적립을 통해 목돈을 만드는 적금과 펀드 그리고 용돈 통장으로 제격인 CMA 정도가 청소년 자녀들이 가입하기에 적당한 상품들이라 할 수 있다.

성공을 거머쥔 청소년들

2007년 미국 경제 전문지《포브스》에 재미있는 기사가 올라왔다. 주로 기업가들을 소개하거나 그들의 재력 순위를 선정하고 발표하는 곳에서 이례적으로 청년 사업가 5인의 성공 스토리를 소개한 것이다. 청년 사업가라고 하지만 그들은 대부분 20세 이전의 청소년들이다.

이들 젊은 사업가들은 정보통신(IT) 분야뿐만 아니라 전통적인 제조업 등에서도 성공을 거둬 관심을 끌었다.

《포브스》에 따르면 이들 청소년들이 사업에 뛰어든 평균 나이는 15세 이전이며 어떤 경우는 9세 때 사업 아이템을 찾아낸 경우도 있었다고 한다.

그중에 영국의 19세 프레이저 도허티는 14세 때 할머니로부터 배운 요리법으로 잼을 만들어서 이웃에게 나누어 주면서 사업가의 길을 걷기 시작했다.

그 잼은 월귤나무나 덩굴월귤나무의 열매가 주원료이고 이전에 사용하던 설탕이나 인공 감미료 대신 천연 포도 과즙을 사용하여 만든 것이었다.

천연 과일로만 만들어진 이 잼은 주위에 입소문이 나면서 감당하지 못할 만큼 주문이 쏟아졌고, 결국 도허티는 인근 식품 공장을 빌려 잼을 만들어야 했다.

이후 '수퍼 잼'이라 불리게 된 도허티의 잼은 2007년 영국의 고급 슈퍼마켓 웨이트로즈에서 납품 의뢰를 받아 184개의 매장에 진열되었고, 또 테스코의 300여 개 매장에서 판매되면서 2007년 매출 75만 달러를 올렸으며 2008년에는 두 배 이상의 매출을 올릴 정도였다.

청소년으로서 가히 상상도 하지 못할 성공을 이룬 도허티는 자신의 성공 요인으로 도전 정신을 가지고 모험을 즐기는 것이 주요했다고 했다.

마이이지메일의 대표 캐머런 존슨은 9세 때 부모님의 휴가 파티에 초대장을 보내면서 사업 아이디어를 얻었고, 11세가 될 무렵에는 연하장을 팔아 수천 달러를 모았다. 존슨은 이 돈으로 창업을 하게 되는데 회사 이름을 '치어스 앤드 티어스'라고 지었다.

이후 연하장 판매량이 점점 많아지자 12세에는 도매로 물건을 구입하고 인터넷으로 판매하여 1년도 안 돼 재산은 5만 달러로 늘어났다. 이 돈으로 벤처회사 '마이이지메일'을 창립하여 한 달 평균 3,000달러의 광고수입을 올렸다고 한다.

존슨은 다시 10대 친구들과 '서핑프라이즈닷컴'이라는 온라인 광고회사를 차리게 된다. 그는 고등학교를 졸업하기 전에 이미 재산이 100만 달러를 넘어섰다.

이 밖에도 캐서린 쿡 마이어북 CEO(17세)는 인맥구축 시장에서 틈새를 개척해 성공을 거두었다. 15세 때 고등학교 연감을 뒤적이다 아이디어를 얻었다고 한다. 그 외에도 애덤 힐드레스(19세)는 370만 달러의 자산으로 영국 BBC가 꼽은 영국의 10대 청소년 부자 20인에 올랐고, 왓에버라이프닷컴의 애슐리 퀼스(17세)는 한 달 방문자가 700만 명에 달하는 인터넷 스킨 디자인 회사의 대표다.

이들을 보면 참 대단하다는 생각이 절로 든다. 어떻게 9세에 사업을 구상하고 14세 중학생이 창업을 생각할 수 있었을까? 반대로 우리나라에서는 왜 이런 얘기를 들을 수가 없을까? 이유는 앞에서 예로 든 청소년들은 자신의 생각을 마음껏 펼쳐 보일 수 있는 환경에 자연스럽게 노출되어 있었기 때문이고, 우리나라 청소년들은 자신의 생각을 사회나 주변 환경에 맞춰가는 데 익숙하기 때문이다.

창의성은 하루아침에 뚝딱 만들어지는 것이 아니다. 많은 경험을 바탕으로 하는 지속적인 생각들이 있을 때 창의성이 만들어질 수 있고 실천할 수 있는 힘도 있다.

위의 청소년들은 성공 이전부터 너무나 자연스럽게 아르바이트와 봉사 등으로 경험이 이어져왔기에 위와 같은 성공이라는 선물을 받을 수 있었다.

이들이 이러한 환경에 자신을 노출시키며 성공을 꿈꾸고 있을 때 우리 청소년들은 수능 준비에 여념이 없다. 우리 자녀들이 《포브스》의 주인공들처럼 꼭 일찌감치 성공을 이루어야 한다는 것은 아니다. 다만 성공을 실현하는 데 중요한 경험을 체험하게 하고 그것을 실천할 수 있는 환경을 만들어줄 필요가 있다는 것을 강조하고 싶다.

환 율

　우리나라 경제가 환율 변동에 많은 영향을 받고 있다는 기사를 종종 본다. 청소년들은 실제 생활에서 크게 느끼지 못하겠지만, 환율 변동은 우리나라 전체의 경제 활동은 물론 부모님의 한 달 생활에도 많은 영향을 준다.

　환율은 미국의 달러화를 기준(기축통화)으로 다른 여러 나라의 가치를 비율로 나타내는 것이다. 즉, 1달러가 우리나라 돈으로 1,500원이라면 원화의 환율은 1,500원이 되는 것이다. 그런데 이 비율은 경제 사정이나 상황에 따라 달라지게 된다.

　예를 들어 외국 자본이 우리나라 주식에 투자하려고 한다면 달러를 우리나라 돈으로 바꾸어 투자해야 한다. 이 과정에서 외국 자본이 한국 주식에 투자하기 위해 많이 투입되면 환율은 떨어져서 1,300원(가정)이 된다. 원화가 달러로 많이 교환되어 원화의 가치가 그만큼 상승한 것이다.

즉, 1달러의 환율이 1,500원에서 1,300원으로 떨어졌으므로 원화의 가치가 200원 올랐다는 말과 같다.

그리고 반대로 우리나라 주식에 투자한 외국 자본이 수익이 나서 원화를 달러로 바꾸어가려고 한다면 국내에 한국 돈이 많아져서 환율은 1,700원이 된다.

그렇다면 이런 환율이 우리의 생활에는 어떻게 영향을 미칠까? 환율이 떨어졌다는 것은 국내에 있는 돈이 줄어들게 되어 돈의 가치가 올라갔다는 말이 되는데, 다시 말해서 적은 돈으로 살 수 있는 물건들이 많아졌다는 것이다. 월급이 동일하다면 생활이 나아졌다는 말과 같다.

반대로 환율이 올라가면 돈의 가치가 떨어져서 환율이 떨어졌을 때보다 많은 돈을 지불해야 같은 양을 살 수 있으니 생활이 힘들어졌다는 말과 같다.

뿐만 아니다. 우리나라는 GNP의 많은 부분을 무역에 의존하고 있기 때문에 환율에 큰 영향을 받는다. 환율이 1,700원일 때 100달러어치를 수출하면 17만 원의 수입이 생기지만, 환율이 1,300원이 되면 같은 금액만큼 수출해도 13만 원밖에는 벌 수 없다.

그렇다고 환율이 무작정 오르는 것이 반드시 좋은 것만은 아니다. 환율이 올라 원화의 가치가 떨어지면 반대로 이자가 올라서 문제가 생길 수도 있기 때문이다. 따라서 적정한 환율을 유지하는 것이 바람직하다.

이와 같이 이제는 전 세계의 경제 변화가 시간차 없이 우리 가정에 영향을 미치고 있다. 이것이 투자의 매력이고 투자의 약점이다. 투자는 단순히 돈의 흐름에 대한 이해를 의미하는 것이 아니라 그 흐름을 지배하는 다양한 환경에 대한 이해를 요구한다.

청소년들은 이제 세계를 읽을 수 있어야 한다. 금융 지식은 바로 세계를 보는 눈을 갖게 한다. 청소년에게 투자 교육을 하는 목적은 단순히 용돈을 늘리는 것에 있지 않다. 투자와 관련한 경제의 흐름을 읽을 수 있고 그것들을 추적할 수 있는 능력을 배양하여 경제 활동을 성공적으로 이끌어 나가게 하는 데 있다.

·기축통화

금과 더불어 국제 간에 결제되는 주요 통화를 말한다. Key currency라고 불리며 미국의 달러화, 영국의 파운드화가 있다.

10

신용과
대출 문제

청소년이 이해하기 어려운 금융 지식 가운데 하나는 신용에 관한 정보다. 신용이란 일종의 외상 거래인데 금융 환경의 발전과 더불어 단순한 외상을 넘어 매우 복잡한 메커니즘을 형성하며 주요 경제 수단이 되었다.

금융생활을 하는 데 있어서 신용과 관련된 거래는 무수히 많은 장면에서 발생하기 때문에 이것을 일일이 설명한다는 것은 매우 어려운 일이다. 그러나 고등학교를 졸업하게 되면 가장 먼저 부닥치게 되는 것이 바로 신용과 관련된 거래다. 실제로 우리나라 신용불량자 중 사회생활을 막 시작한 20대 초반의 여성이 많다는 점을 감안하면 청소년 시기의 우리 자녀들에게 신용에 관한 교육이 얼마나 중요한지 알 수 있을 것이다.

그런데 최근에는 중고등학생의 신용에도 문제가 발생하고 있다. 한국정보통신산업협회의 자료에 의하면 주로 핸드폰 같은 통신요금을 미납하여 청소년들이 신용에 문제를 일으킨다고 한다.

결제 능력이 없는 청소년늘이 제때에 비용을 처리하지 않아 생기는 문제인데. 심각한 것은 신용 관리의 중요성과 그 방법을 몰라 사소한 핸드폰 요금을 미납한 것이 청소년들을 신용불량자로 끌고 간다는 것이다. 앞의 전당포의 예에서도 보았듯이 대학생이나 사회에 일찍 진출한 자녀들 역시 신용에 관한 지식이 부족하기는 마찬가지다.

그러므로 부모라면 무슨 수를 내더라도 자녀에게 신용거래에 관한 정보를 적절하게 전달해야 자녀가 대학생이 되든 사회에 진출하든 신용으로 인한 문제로부터 보호받을 수 있고, 자유로울 수 있다.

대학생 자녀의 위험한 금융 생활

대학생이 되면 우선 정신적인 해방감이 먼저 찾아온다. 수년간 대학입시만을 위해 공부했으니 이제는 실컷 놀아야겠다는 생각이 제일 먼저 드는 것은 어찌 보면 당연한 일인지도 모르겠다. 거기다 용돈까지 올려 받으니 안성맞춤이다.

대학생의 경우 용돈이 중고등학생 때와는 달리 40~50만 원 정도로 껑충 뛴다. 그런데 이 금액은 사실상 많은 것이 아니다.

대학생쯤 되면 소비 수준이 성인들과 거의 차이가 없기 때문이다. 용돈으로 차비를 내야 하고 점심을 사 먹고 술을 마시고 담배를 피우며 이성 친구를 사귀는 데 써야 하는 등 지출할 데가 많다. 용돈으로 받는 절대적 금액은 늘어났지만 요돈으로 쓸 수 있는 실질 금액은 늘었다고 할 수 없다.

한 아르바이트 구직포털이 조사한 자료를 토대로 조금 더 구체적으로 살펴보면 대학생들의 용돈 씀씀이를 적나라하게 알 수 있다.

남학생의 경우 용돈으로 한 달 평균 약 41만 원, 여학생은 약 36만 원 정도를 쓴다. 이 금액은 월급쟁이 부모가 쓰는 월 평균 용돈 30만 원보다 많은 금액이다. 이 중에 아르바이트를 통해 충당하는 금액이 약 55% 정도가 된다. 나머지는 부모가 지원하는 셈이다.

대학생 자녀의 고민은 여기서 시작된다. 돈 씀씀이는 중고등학생 때와 비교할 수 없을 정도로 커졌지만 용돈은 한참 모자란다. 용돈만 보면 이미 부모보다 더 쓰고 있다는 것을 알기 때문에 부모에게는 용돈을 더 달라는 말도 차마 꺼내지 못한다.

이런 상황에 처한 대학생들은 대부분 부족한 용돈을 채우기 위해 아르바이트를 한다. 만약 우리나라에서 두 명의 대학생 자녀를 둔 부모라면 학비와 용돈을 아이들이 원하는 대로 줄 수 있는 부모는 거의 없을 것이다. 이런 이유로 대학생의 아르바이트는 부모가 시켜서 하는 것이 아니라 자신의 필요 때문에 한다고 봐야 한다.

문제는 아르바이트로 부족한 용돈을 채우지 못하는 경우에 발생한다. 이미 자신의 명의로 신용카드까지 소지하게 되었으니 대출에 대한 불편함은 그렇게 크지 않다. 게다가 아르바이트를 통해서 갚을 수 있다는 생각에 부담감 없이 더욱 쉽게 대출에 접근할 수 있다. 이것은 매우 위험하다.

대학생은 취업을 해야 하고 결혼도 계획해야 한다. 즐거움을 누리는 것도 중요하지만 자칫 수년 내에 다가올 사회활동을 준비하지 못한다면 다른 사람들보다 경제적 자립 시기가 늦어질 수밖에 없다.

그러나 불행히도 대학생 대부분은 자신의 금융 문제에 대해서 제대로 준비하지 못하고 있다. 금융에 관한 지식이 부족하고 신용카드 사용에 대한 지혜 역시 갖춰져 있지 않다. 이것은 신용카드 사용의 남발, 대출의 증가 등으로 이어지게 하여 사회생활을 빚을 진 채 시작하는 원인이 될 수 있다.

부모는 자녀가 다 컸으니 알아서 하겠지 하고 내버려두지만 절대로 그렇지 않다. 소비 규모만 커졌을 뿐 이자나 대출 등 위험에 대응할 수 있는 지식은 거의 없다. 학교와 가정 그 어디에서도 가르쳐주지 않았는데 도대체 어떻게 그런 능력을 발휘할 수 있단 말인가?

금융감독원의 자료에 의하면 우리나라 대학생의 금융 IQ는 100점 만점에 60점에 불과한 것으로 나타났다. 소득, 자금관리, 저축 및 투자 그리고 신용에서 60점 전후의 점수 분포를 나타냈다.

대출은 어떨까? 예상했던 대로 대출에 대해서는 엉뚱한 대답이 많았다. '학자금 대출을 연체해도 채권보존 조치를 취하는 것은 불법'이라는 대답이 50% 이상 나왔고 '금리 상승기에는 대출을 활용해 투자한다.'는 엉뚱한 답을 선택한 대학생도 70% 이상이나 되었다.

우리나라 대학생들은 부모들이 알고 있는 것보다 대출 문제를 비롯해 금융 전반에 관한 지식이 턱없이 부족하다는 것이 밝혀진 셈이다. 신용이나 대출 문제가 대학생들에게 한정되는 것은 아니지만 본격적인 사회 진출을 앞두고 있는 입장에서 더 걱정스러운 것은 사실이다.

아마도 자녀의 학업 성적이 60점이라면 부모는 머리카락을 쥐어뜯으며 자녀의 미래를 걱정할 것이다. 그러나 평생 사용할 금융 지식이 과락 점수를 벗어나지 못해도 부모는 마음에 불안이 없다. 부모의 관심이 무딘 만큼 자녀의 경제 활동과 관련된 능력 역시 뒤처진다는 것을 알아야 한다.

자, 그렇다면 청소년들에게 신용에 대한 올바른 정보를 어떻게 전달할 수 있을까?

신용은 돈이다

프랑스는 대학 등록금이 워낙 비싸 학생들의 부채 부담이 심각하다는 보도가 있었다. 우리나라도 예외가 아니다. 최근 금감원의 조사 자료에 의하면 대부업체에서 돈을 빌린 학생 수가 4만 8,000명, 저축은행에서 빌린 대학생은 10만 8,000명인 것으로 나타났다. 그나마 기금과 같은 곳에서 돈을 빌린 학생은 나은 편이다. 제2금융권 같은 곳에서 30% 이상의 고리로 빌린 학생들은 정말이지 그 고통이 이루 말할 수 없을 정도로 심각하다.

대출을 잘 관리하지 못한다면 사회에 진출하기 전에 이미 신용불량자로 전락할 가능성이 높다. 이것도 단순한 예측이 아니다. 신용회복위원회는 2011년 상반기 개인 워크아웃 신청자가 총 100만 1,645명이라고 발표했다. 충격적인 것은 이 중에 대학을 졸업하고 갓 직장 생활을 시작한 29세 이하 청년들의 숫자가 14%인 14만 4,680명에 달한다는 것이다.

신용을 잃은 대학생들은 대출뿐 아니라 경제 활동 더 나아가 직장을 구하는 데에도 제한을 받을 수밖에 없다. 어렵게 대학을 졸업해도 망가진 신용은 그 지식을 써먹을 직장을 구할 수 없게 한다.

신용은 곧 돈이다. 보이지 않고 직접적인 경제 활동이 없어서 이해하기가 쉽지 않겠지만 그렇다고 신용관리의 중요성이 줄어드는 것은 아니다. 대학생이든 취업을 하든 사회생활에 임박한 자녀들에게는 신용의 중요성을 전달하고 그 사용 방법과 관리 방법을 가르쳐야 한다. 신용을 올바르게 사용하는 것은 성공적인 사회활동을 위한 우선순위라고 할 수 있다.

신용카드를 가르쳐라

신용과 관련하여 가장 첨단을 달리고 있는 상품 하면 신용카드를 떠올릴 것이다. 신용카드의 절제된 사용과 효과적인 관리는 신용 사회의 선진화된 문화가 지배하는 우리나라에서 매우 중요한 요소다.

따라서 고등학생이 되면 반드시 신용카드의 올바른 사용법과 그 위험성을 가르쳐야 한다. 신용카드는 현금이 아니라 신용으로 결제되는 관계로 청소년이 그 위험성을 체험하기에는 한계가 있다. 그러나 신용카드를 잘못 사용하여 실제로 신용불량에 걸리기 전에 간접적인 체험이나 교육을 통해 신용카드의 위험성을 충분히 인식시켜 주는 것은 자녀의 미래를 위해서도 반드시 필요한 일이다.

신용카드는 알게 모르게 우리 생활에 많은 영향을 미치고 간섭을 하고 있다. 은행에서 개인의 신용 등급 관리에 있어 가장 중요한 잣대로 삼는 것이 바로 신용카드와 관련한 자료들이다. 신용카드는 현금 대신 외상의 형식으로 물건을 구매하는 것을 말한다. 때문에 제때 대금을 갚지 않는 등 신용으로 불리는 약속이 지켜지지 않는다면 매우 심각한 문제를 일으킬 수 있다는 것을 알아야 한다.

신용카드는 또 대출 수단으로 사용되기도 한다. 즉, 신용으로 돈을 빌려다 쓸 수 있다. 이 역시 이자나 원금 상환이 약속한 날짜에 이행되지 않으면 문제가 발생한다.

그리고 신용카드 회사는 자사의 신용카드를 사용하는 고객의 경제 활동을 대부분 파악할 수 있으며 카드 회사가 원하는 방향으로 개입할 수도 있다.

예를 들어 남자 대학생이 매년 7월 15일에 신용카드로 꽃다발을 산다면 카드회사는 그 날짜가 여자 친구의 생일 같은 기념일이라는 것을 어렵지 않게 알 수 있다. 그리고 그 날짜에 즈음하여 더 좋고 비싼 꽃다발 안내장을 보낼 것이다. 물론 남학생은

10 신용과 대출 문제

더 비싼 꽃다발을 살 가능성이 더 커진다.

이처럼 우리는 신용카드를 사용함으로써 사용자의 정보를 알게 모르게 신용카드 회사에 제공하고 있는 셈이다. 소비습관이 현명하지 못하면 이러한 신용카드의 특성으로 인해 판촉 대상이 되는 등 과도한 소비에 무방비로 노출될 가능성이 높다.

또 신용카드는 4개 이상 보유하게 되면 신용 등급에 좋지 않은 영향을 미친다. 많이 가지고 있는 것만으로도 신용 등급은 떨어진다. 신용카드의 과다 보유는 곧 현금 서비스 등 신용거래의 위험성과 직결된다고 판단하기 때문이다.

지금은 옛날과 달리 신용카드를 많이 보유하는 것이 경제적 능력의 상징이 아니라 경제적 약자로 취급받는다는 것을 알아야 한다.

너무나 쉽게 만들고 편하게 사용하는 신용카드. 하지만 그 이면에는 엄청난 위험과 사고가 도사리고 있다는 것을 부모는 반드시 자녀들에게 가르쳐주어야 한다. 아무런 교육 없이 신용카드를 가지게 될 경우 아이들은 사회에서 자리도 잡기 전에 어려운 환경에 놓일 가능성이 높다.

신용불량자의 많은 수가 사회 초년병이 차지하는 경우를 볼 때 신용카드 사용에 대한 교육은 매우 중요하다.

대출 문제를
경계하라

이제 갓 스무 살을 넘긴 D라는 여성이 다급하게 나를 찾아왔다. 대출 문제로 심각한 위기에 직면했다는 것이다.

D는 친하게 지내는 동성 친구의 남자 친구 F에게 1,000만 원을 빌려주었다. 평소 친하게 지내는 동성 친구의 말만 믿고 의심 없이 빌려준 것이었다. D는 임시직으로 일하는 관계로 신용 등급이 나오지 않아 비제도권의 여러 대출업체로부터 500만 원, 300만 원 그리고 200만 원을 빌렸다.

그러나 곧 갚겠다던 F는 연락이 없고 대출금은 고스란히 D의 몫으로 남았다. 이자는 연 39%로 신용카드 대출 이자인 20%보다 훨씬 높았다. 얼마 되지도 않은 소득의 대부분을 이자와 원금을 갚느라 D는 허덕였다.

나는 화가 났다. 스무 살이 되기도 전에 신용카드를 만들고 대출의 위험성을 깨닫기도 전에 큰돈을 거리낌 없이 빌리는 D에게 학교는 도대체 무엇을 가르쳤단 말인가? 신용카드의 위험과 대출의 사악한 이면을 미리 교육했더라면 이런 어리석은 일은 일어나지 않았을 것이다.

마치 졸업하기를 기다렸다는 듯이 D는 덫에 걸리고 말았다. 사회생활에 필요한 기본적인 금융 지식은 물론 그 위험성을 판단할 수 있는 지식조차 준비되어 있지 않은 상태에서 말이다.

나는 또 화가 났다. D는 이 사실을 부모에게 알릴 수가 없다고 했다. 아니 알려봐야 소용이 없다고 했다. 부모가 해결해줄 수 없을 것이라는 이유 때문만이 아니다. 부모는 D가 카드를 어떻게 사용하는지 핸드폰과 우편으로 독촉 경고를 받아도 관심이 없었다. '알아서 하겠지.' 하는 방관이 D에게도 '별일이야 있겠어?' 하는 안일한 마음을 심어준 것이다. 물론 사건이 터지기 전에도 부모는 어린 D의 금융 생활에 관심을 가진 적이 없었다.

발을 동동 구르며 심장이 타들어가는 두려움으로 D는 한 달 한 달을 보냈지만 학교도 부모도 D에게는 아무런 도움이 되지 못했다. 당장 직장을 잃는다면 D의 앞날은 어떻게 될까? 생각만 해도 소름이 돋는다.

그런데 청소년을 비롯한 사회 초년병의 신용 대출에 의한 불상사는 단순한 돈의 문제, 당장의 생활고에 국한된 것이 아니라는 점에서 더 큰 문제다. 금융 지식을 갖추지 못한 상태에서 성장한 아이는 사회생활의 시작을 지옥부터 경험할 것이다.

우리 아이는 착하니깐, 부모 말을 잘 들으니깐 안전하다? 천만의 말씀이다. 부모의 무책임한 방관이 자녀를 지옥으로 이끄는 안내자가 될지도 모른다.

특히 대학생을 자녀로 둔 부모는 대출에 각별히 신경 써야 한다. 대학생 자녀는 아직도 용돈을 타서 쓰는 입장이라 대출의 위험성을 제대로 인식하지 못한다. 우리 아이가 무슨 대출을 받겠어? 받을 수나 있겠어? 하고 부모들은 안일하게 생각하지만 대학생들 사이에서는 이미 대출과 관련된 문제가 심각하다.

청소년들이 대출을 받는 이유 중에 하나가 자신의 용돈에 만족하지 못하는 데 있다. 대부분 과소비로 인한 용돈 부족이 대출로 아이들을 유혹한다.

과소비란 소득보다 많이 쓰는 것을 말한다. 청소년의 경우 소득은 용돈인데 용돈보다 많이 쓰기 때문에 과소비가 된다. 또한 대출의 용도가 옷, 음식비, 유흥비 등 단순 소비를 위한 것이라는 데 문제의 심각성이 있다.

이러한 문제는 비단 청소년에게 한정된 것이 아니다. 대형 백화점에서 눈에 가장 잘 띄고 화려한 조명으로 번쩍이는 코너에 가 보면 청소년들을 유혹하기 위한 상품들로 가득하다. 그만큼 청소년들의 씀씀이가 커졌다는 것은 소비 행태 역시 성인들과 별반 다르지 않다는 것을 보여준다. 일부 그릇된 어른들이 일삼는 명품 소비, 고가 소비와 같은 잘못된 소비 풍토가 어느새 청소년들 사이에도 침투했다는 방증이다.

성인들의 금융 환경에서 일어나는 대출과 대학생에게서 일어나는 대출에는 차이가 있다. 상환 능력이 있고 없음의 차이가 바로 그것이다. 성인들의 대출은 또 다른 소득을 확보하기 위한 대출을 포함하지만 대학생의 대출은 생활비나 용돈을 위한 소비성 대출이다.

이런 차이로 인해 적용되는 대출 이자 역시 다를 수밖에 없다. 직장이 없는 관계로 대학생이 적용받는 금리는 일반 시중에서 통용되는 금리보다 훨씬 높은 편이다. 소득이 없고 적용 이자가 높아서 대학생에게 일어나는 대출은 상환이 불가능한 경우가 대부분이다.

이런 이유로 대학생 자녀에게는 그 어느 것보다 대출의 위험성을 경고하는 교육이 중요하다. 평소부터 씀씀이를 꼼꼼히 체크하여 과소비 성향을 보이거나 용돈 부족을 지나치게 호소하는 자녀라면 실수로라도 부채의 늪에 빠져버리지 않도록 주의를 주어야 한다.

대출금은 어쨌든 반드시 갚아야 한다. 만일 갚지 못할 경우에는 사회생활이 불가능할 수도 있다. 따라서 자녀들이 아예 대출을 받지 않게 하는 것이 가장 좋다. 그러기 위해서는 먼저 소비를 줄여야 한다.

소비는 습관이다. 조금만 줄이면 다음부터는 줄인 만큼의 금액에서 생활할 수 있게 된다. 소비를 줄이기 위해서는 자녀에겐 용돈 안에서 생활하고자 하는 의지가 중요하고, 부모에겐 자녀가 용돈 안에서 생활할 수 있도록 지속적인 관심과 지도가 필요하다.

계영배戒盈杯라는 조선시대에 만들어진 술잔이 있다. 절주배라고도 불리는 이 술잔은 외관으로는 보통의 술잔과 다를 바가 없으나 한 가지 차이라고 한다면 술잔 바닥에 작은 구멍이 나 있다. 그런데 희한하게도 이 술잔에는 술을 따라도 술이 밑으로 새지 않는다. 그러나 술이 잔의 70%를 넘으면 뚫린 구멍으로 술이 새고 잔은 절대 넘치지 않는다.

이 특이한 술잔은 도공 우명옥이 만들었다. 우명옥이 이 술잔을 만든 데에는 그만한 사연이 있었다.

우명옥은 조선시대 진상품을 만들던 스승의 가르침을 받아 설백자기雪白磁器를 만들어서 명성을 얻게 되었다. 그 후 유명해진 우명옥은 방탕한 생활로 인해 재물을 모두 탕진하고 말았다. 다시 스승에게 돌아온 그는 욕심을 경계하기 위한 마음으로 이 계영배를 만들었다고 한다.

그 후 계영배는 조선시대의 거상 임상옥이 소유하게 되었는데 임상옥은 계영배를 늘 곁에 두고 끝을 모르고 커져만 가는 욕심을 다스리며 큰 재물을 모았다고 한다.

우명옥의 사례에서 계영배는 욕심을 경계해야 하는 이유를 상징적으로 보여주고 있다. 한 순간의 욕심으로 인한 지나친 소비는 인생 전체를 망칠 수도 있기 때문이다. 순간의 쾌락이 평생을 그르칠 수도 있다는 것을 반드시 명심해야 한다.

꿈을 갖는 것에는 과욕을 부리는 것이 마땅하나 소비에 있어서는 늘 계영배를 마음에 새기며 경계해야 할 것이다.

대출 광고의 유혹

아무리 지성을 갖춘 대학생이라도 대출 문제에서 항상 자신을 지켜내는 것은 아니다. 돈 때문에 궁지에 몰려 있다면 때마침 찾아온 대출 광고는 자녀의 판단력을 무력화하기에 충분하다.

이는 학생뿐 아니라 사회에 진출해서 경제 활동을 하는 사람들도 예외는 아니다. 법률구조공단의 자료에 따르면 특히 20대 여성의 경우 남성과는 달리 신용회복 신청이 60.9%로 높은 비중을 차지하는 것으로 나타났다. 이는 사회 진출 시기가 남성보다 상대적으로 빠르고 구매력도 높아 대출의 유혹에 쉽게 넘어가기 때문이다.

특히 무차별적인 대출 광고는 청소년들을 도탄에 빠뜨리기도 한다. 대출 광고에 노출되기 쉬운 대학생 자녀들은 나름대로 대출 광고의 유형을 파악하여 위험을 피해야 한다. 단순한 한도 증액이나 고수익을 보장한다는 광고 그리고 마이너스 통장 개설을 권유하는 광고조차 대출의 위험으로 끌고 가는 마수일 수 있기 때문이다.

의심되는 금융 광고들은 다음과 같은 것들이 있다.

- 은행이 아닌데 마이너스 통장을 개설하라는 광고.
- 신용카드 발급과 한도 증액 광고.
- 신용카드 결제대금 대납 광고.
- 연체 대납 광고.
- 휴대전화만 있으면 대출이 가능하다는 광고.
- 수수료를 부담하면 신용 등급을 올려준다는 광고.
- ○○금융, ○○캐피탈 등 무방문으로 대출한다는 광고.
- 정부가 지원하는 금융 상품(햇살론, 미소금융, 희망홀씨 등)과 유사한 이름의 대출 상품들.
- 원금 보장, 확정 금리, 고수익 등을 내세워 투자를 유인하는 광고.
- 대출을 받고 싶으면 현금이나 카드를 보내라는 광고.

10 신용과 대출 문제

이러한 광고들은 대부분 제도권 밖의 대출 광고일 가능성이 높으며 이자 역시 제1금융권보다 매우 높다는 위험도 있으니 특히 주의해야 한다.

대출을
받게 된다면

아직 소득이 없는 청소년이나 대학생이라면 대출은 우선 받지 않는 것이 가장 좋다. 그렇지만 정말 피치 못할 사정으로 대출을 받아야 한다면 다음과 같은 조건들을 꼼꼼하게 따져볼 수 있어야 한다.

① 꼭 필요한 경우에만 대출을 받는다

그냥 쉽게 얻을 수 있다고 대출을 이용한다면 분명히 어려움을 겪게 된다. 대출밖에는 방법이 없는지를 몇 번이고 스스로에게 물어봐야 한다. 아르바이트로 해결할 수 없는지, 용돈을 좀 더 올려달라고 할 수는 없는지, 아니면 부모님께 솔직히 말씀드리고 도움을 청하는 것은 어떤지 등의 방법을 충분히 검토해봐야 한다.

대출은 어디까지나 마지막에 선택하는 수단이 되어야 한다.

② 상환 계획을 먼저 세워라

대출금을 갚기 위해 용돈을 매월 얼마씩 따로 모을 것인지, 아르바이트를 할 것인지, 부모님에게 도움을 구할 것인지…… 어떤 방법이든 상환 계획을 세워야 한다. 그리고 그 계획이 대출금을 상환할 수 있는 실질적인 방법이 되어야 한다.

이러한 방법들을 통하여 대출금과 이자를 상환할 수 있다는 충분한 확신이 섰을 때 비로소 대출을 받아야 한다. 막연히 이렇게 하면 되겠지가 아니라 반드시 구체적인 방법이 도출되어야만 한다.

만약 매달 갚아야 할 금액을 확보하지 못하거나 갚을 방법을 마련할 수 없다면 대출을 포기해야 한다. 적금 이자와 대출 이자는 늘어나는 속도에서 확연하게 차이가 난다. 막연히 어떻게 되겠지 하다가는 자신의 인생이 어떻게 될 수도 있다. 대출 이자는 생각보다 무섭게 불어난다.

③ 대출 조건을 따져라

어느 은행에서 대출이 가능한지, 어느 은행의 이자가 싼지, 월 단위로 이자가 붙는지, 일 단위로 이자를 내야 하는지 반드시 알아봐야 한다. 가능하면 제1금융권을 이용하는 것이 장래의 신용관리에도 도움이 된다.

일반적으로 대출 상환 기간은 긴 것이 좋다. 상환 기간이 길면 상환 능력이나 방법을 확보하는 데 여유가 있다. 또한 매월 부담해야 하는 이자의 금액이 적기 때문이다. 상환 중 목돈이 생긴다면 중도에 대출금을 청산할 수도 있다.

만약 이미 고리의 대출 문제로 고민에 빠져 있다면 '서민금융 119' 등에 문의하여 제도권 내의 창구를 이용하는 것이 바람직하다. 이자 감면과 상환 금액의 조정 등 다양한 방법으로 보호받을 수 있다.

아직 경제 활동을 시작하지 않은 청소년들의 대출 문제를 이처럼 강력하게 강조하는 데에는 여러 가지 이유가 있다. 그중 하나가 우리나라는 선진국처럼 청소년들을 보호하는 사회적 문화가 아직 성숙되지 않았기 때문이다.

다시 말해서 우리 사회는 청소년을 사회적 약자 즉 보호할 대상으로 인식하는 것이 아니라 단순한 돈벌이의 대상으로 본다는 데 문제가 있다. 한번 빠지면 헤어 나올 수 없는 부채의 늪에 대한 경고는커녕 그 누구도 청소년의 고통에 관심이 없다. 청소년 자신과 부모 외에는.

또 다른 이유는 우리나라 청소년들이 자립심이 약하다는 데 있다. 주로 부모의 도움을 받아 소비 지향적 경제 활동에 익숙한 관계로 돈을 관리하는 지혜가 부족하다. 많은 청소년들이 과소비 문제도 힘들어 하고 있는 것은 스스로 돈을 통제할 수 있는 힘이 없기 때문이다.

적절한 금융 교육이 이루어지지 않는다는 것도 청소년들을 경제적인 어려움에 빠뜨릴 가능성을 높인다. 학교에서 전달하는 경제에 관한 지식은 그 질과 양에서도 이미 많이 부족한 면을 보이고 있다.

그나마 이루어지고 있는 경제 교육조차 실생활에 적용할 수 있는 금융 교육이 아니라 이론 중심의 교육이 대부분이라는 것도 문제다. 수요와 공급 그리고 재화, 이러한 지식은 학업 성적을 올리는 데는 도움이 되겠지만 실제적인 금융 활동을 가능하게 하기에는 한계가 있다.

물론 경제 이론 교육도 필요하다. 그러나 그에 못지않게 실생활에 적용할 수 있는 금융 교육도 반드시 필요하다. 교육기관을 통해 이루어지지 않고 있는 금융 교육, 아이의 안정된 미래를 위해서는 이제 부모들이 나서야 한다.

TESAT
(Test of Economic Sense And Thinking)

'경제 이해력 검증 시험'이라 불리는 TESAT은 대학생들을 상대로 시험을 치르게 하는 경제 토플이라고 할 수 있다. 한 경제 신문사가 만든 이 시험은 '시장경제에 대한 무지가 초래하는 반민주적 사회 혼란을 극복하고 선진 사회로 도약하자.'는 의미로 만들었다고 한다.

각 기업의 CEO들도 이러한 제도의 필요에 발맞추어 이 시험을 인재 등용에 적극 활용하고 있다고 하니 자녀들에게 이 제도를 통해 경제 이해력을 전달할 수 있다면 일거양득이 될 것이다.(www.tesat.or.kr)

11

참된 부자 공부

지금까지 용돈 교육으로 시작하는 자녀의 금융 교육에 대해 알아보았다. 그런데 돈에 대한 지식만 쌓아준다면 모두 부자가 될 수 있을까? 앞에서 설명한 용돈을 잘 관리하고, 투자에 대한 지식을 쌓고, 부채를 피해가는 지혜만 갖춘다면 우리 아이들은 모두 부자가 되고 사회적 성공을 이룰 수 있을까?

청소년 시기에 있어 돈에 대한 감각을 형성해주는 것이 중요하다는 데에는 이의가 없을 것이다. 돈에 대한 지식을 일찍부터 쌓아가는 것은 그만큼 성공을 향한 지름길을 선택한 것이라 할 수 있다.

그러나 돈에 대한 지식만을 쌓는다고 해서 모든 청소년들이 풍요로운 삶을 누리게 되는 것은 아니다. 그 외에도 다른 감성적인 부분들이 연합할 때 성공 가능성은 더욱 높아지게 된다.

돈에 대한 지식 이전에 성공을 위해 가장 중요한 것은 성공의 방향을 지정해주는 '꿈'의 설정에 있다. 아무리 금융 지식이 뛰어나더라도 무엇을 위해 그것을 사용해야 할지 모른다면 그것은 단지 돈을 모으는 습관에 길들여진 사람과 같을 뿐이다. 꿈은 돈의 가치를 결정해준다.

아이들이 장차 성공하기 위해서는 친구를 비롯한 사람을 사귀는 기술부터 습득해야 한다. 성공한 그 누구도 인맥의 도움 없이 자신이 원하는 것을 이룬 사람은 없었다. 장애인 신분으로 미국의 고위 공직자를 지낸 강영우 박사 역시 자신의 성공 뒤에는 자신을 알아주고 대통령에게 자신을 천거해준 인맥이 있었다고 고백한다.

성공을 원하는 아이라면 친구들을 넓게 사귀고 인맥을 넓혀 가는 것이 얼마나 중요한지 알아야 한다.

꿈이라는
성공 나침반

고대 그리스 시대에 극악무도한 죄수들에게 내리는 극형에 해당하는 가혹한 형벌이 있었다. 그것은 두 개의 물통을 놓고 물을 번갈아 옮겨 담게 하는 것이었다. 그냥 옮겨 담기만 하면 될 것 같은 이 일이 왜 가혹한 형벌일까? 너무나 쉬워 보이고, 일반적인 형벌에 비하면 심지어 편하게 보이기까지 한다. 그러나 그렇지 않다. 인간에게 무익하고 희망이 없는 것을 지속해야 하는 것처럼 고통스러운 일은 없기 때문이다.

인간은 창의적이며 발전적인 성향을 가지고 있다. 이것을 제한하는 것은 인간의 가치를 부정하는 것과 같다. 꿈이 없는 사람은 마치 두 개의 물통을 번갈아가며 채우기만 하는 의미 없는 삶을 사는 것과 같다.

아이의 성장에 가장 중요한 영향을 미치는 요소는 사실 돈에 대한 교육보다 꿈을 세우는 것이라고 할 수 있다. 꿈은 자라나는 아이들에게 삶의 방향을 제시해준다. 꿈은 아이 스스로 무엇을 해야 할지 판단할 수 있는 힘을 갖게 한다.

어떤 부모는 자녀를 성공으로 이끌어주기 위해 많은 재산을 물려주겠다고 하고, 어떤 부모는 남들보다 더 나은 능력을 갖추도록 지원해주겠다고 한다. 물론 모두가 틀린 말은 아니다. 다만 그것보다 더 중요한 것은 아이가 꿈을 찾지 못한다면 그 모든 것들이 아이의 인생에 아무 영향을 주지 못한다는 것이다. 그 돈과 능력은 단지 목적 없이 주어진 것과 같기 때문이다.

아이에게 성공에 필요한 모든 조건을 갖추어준다면 과연 아이의 성공을 장담할 수 있을까? 아니다. 아이에게 꿈이 없다면, 설령 성공을 위한 모든 조건들을 완벽하게 갖추어준다고 하더라도 100% 성공을 장담할 수는 없다.

그럼 성공을 위한 조건들을 다 갖추지 못한 아이는 무조건 실패를 맛봐야 할까? 그것도 아니다. 아무리 어려운 역경에 처해 있다 해도 꿈이 있는 아이는 그 환경을 멋지게 극복할 것이다.

이처럼 조건을 다 갖추어도 실패할 가능성이 있고 다 갖추지 못해도 성공할 수 있다. 이것이 바로 꿈을 가져야 하는 이유다.

① 꿈이란 열정을 쏟게 하는 동기

꿈이 있는 아이는 성공을 위한 조건들이 여의치 않더라도 자신만의 꿈을 실현하기 위해 필요한 열정을 만들어낸다. 열정은 성공을 설명할 수 있는 가장 중요한 단어다.

인생의 황혼기에 접어든 어떤 노신사가 있었다. 그는 한평생을 힘들게 살았다. 하는 일마다 불운이 겹쳐 즐거운 날이 손에 꼽힐 정도였다. 엎친 데 덮친 격으로 전쟁 중에 부상을 당해 왼손이 불구가 되었다. 이 와중에도 하급 공무원으로 취직하여 열심히 살려고 했지만 작은 실수로 감옥에 수감되고 말았다. 그의 인생은 뜻대로 되는 것이 하나도 없었다.

그는 절망한 채 감옥에서 시간을 보내고 있었다. 자신을 저주하고 자신의 무능함에 모든 의욕을 잃었다. 그러던 중 문득 시간을 의미 없이 흘려보내는 자신이 한심하다는 생각이 들었다.

다시 그는 무언가에 도전해보기로 한다. 뭔가 의미 있는 일을 해보자고 결심한다. 자유가 허락되지 않은 상황에서 할 수 있는 일을 찾던 그는 글을 쓰기로 결심하고, 소설을 쓰기 시작했다.

처음에는 막막하기만 했다. 글을 쓰려면 무엇을 어떻게 해야 되는지 도저히 감을 잡을 수 없었다. 그래도 이왕 갖게 된 꿈, 결과야 어찌 됐든 시작이나 해보자고 닥치는 대로 글을 쓰기 시작했다.

그렇게 그는 글을 쓰면서 점점 글을 쓰는 매력에 빠져들었고, 마침내 모든 열정을 쏟아부어 한 편의 소설을 완성하기에 이른다. 소설의 제목은 《돈키호테》. 글을 쓴 이가 바로 미구엘 드 세르반테스다.

그는 인생의 황혼기에 소설가에 대한 꿈을 가질 수 있었기에 글쓰기에 열정을 쏟아부을 수 있었다. 이처럼 꿈은 열정을 만들어낸다. 나이에 관계없이 무엇에 집중해야 하는지를 알려주는 것이 바로 꿈이다. 50세의 한 볼품없는 죄수에게 기적이 일어난 것처럼 꿈은 아이들에게 무한한 가능성을 열어준다.

② 꿈은 목표 지향적이다

꿈은 목적을 위해 무엇을 해야 하는지 결정하는 힘을 가지고 있다. 꿈이 있는 아이는 장차 자신의 삶을 살게 될 것이고, 꿈이 없는 아이는 남의 인생을 산다고 한다.

또 꿈을 찾고 있는 아이는 자신의 처지와 환경을 극복하고자 하는 마음의 각오가 되어 있으며 고난을 성공의 과정으로 생각하고 기꺼이 그것을 뛰어넘을 의지가 있다고 한다. 반면에 꿈이 없는 아이는 어려움이 닥치면 그것을 어떻게 피해갈 것인지부터 고민하게 된다.

배를 운전하는 사람과 그 배를 얻어 타고 가는 사람들이 있었다. 바다 한가운데를 지날 때 그들은 풍랑을 만났다. 배는 크지 않아서 작은 파도에도 많이 흔들렸다. 배 위의 모든 사람들이 멀미를 하고 고통스러웠지만 오직 한 사람, 배를 운전하는 사람만은 멀미를 하지 않았다.

배를 안전하게 몰아야 하는 그는 모든 신경을 곤두세우고 파도와 싸워야 했기 때문에 멀미를 할 겨를이 없었다.

이것이 꿈이다. 꿈은 풍랑과도 같은 고난을 극복하게 하고 반드시 목적지에 안전하게 도착하겠다는 목표에 집중하게 한다. 꿈은 자신의 목표에 온 마음을 쏟아 그것을 이루기 위해 노력하게 한다.

반면에 배에 탄 다른 사람들은 자신의 의지와는 상관없이 배가 흔들리는 대로 휘둘리다 보니 멀미를 할 수밖에 없었다.

꿈을 가진 아이는 자신의 의지대로 살고 그렇지 못한 아이는 남의 의지대로 살 수밖에 없다. 훗날 성공을 꿈꾸는 아이는 자신의 운전대를 잡아야 한다.

③ 꿈은 고난을 극복하는 힘

당연한 말이지만 장래에 '무엇이 되고 싶다.' 또는 '무엇을 하고 싶다.'면 꿈을 갖는 것에서부터 출발해야 한다.

아이들은 흔히 부모의 부를 자신의 능력과 연관지어 생각한다. 부모가 부자면 자신의 능력도 높은 것이고 꿈도 크다고 생각한다. 반면 부모의 재정 상태가 좋지 못하면 자신의 능력과 꿈도 보잘것없다고 생각한다.

이러한 경향은 아이들 사이에서 확실히 볼 수 있다. "너희들 꿈이 무엇이냐?"고 물으면 당당하게 자신의 꿈을 말하는 아이는 부모의 경제적 형편이 좋은 편이다. 부모가 자신의 꿈을 이루어줄 수 있다고 판단하기 때문이다. 반면 자신의 꿈이 있는지조차 제대로 설명하지 못하는 아이들은 거의가 가난한 집안의 자녀들이다.

그러나 이것은 완전히 잘못된 태도다. 꿈은 절대로 환경에 의해 결정되지 않는다. 오히려 꿈은 어려운 환경을 헤치고 나아가는 기관차와 같다. 꿈이 있는 아이는 설사 부모의 환경이 좋지 않더라도 부모를 원망하지 않는다.

누구는 "부자가 되기를 원한다면 가난한 집안에서 태어나라." 라고까지 말했다. 부모의 부족한 경제 형편이 자신의 꿈을 막지 못한다는 것을 꿈이 있는 아이는 알고 있다. 꿈이 있는 아이는 주어진 환경에서 그것을 어떻게 극복할 것인지 능동적으로 생각하게 된다.

반면에 아무리 좋은 환경에 놓인 아이라고 해도 신념 즉 꿈이 없다면 그 환경은 쓸모가 없다.

한 소년이 있었다. 그는 너무나 말라서 별명이 말라깽이였다. 그러나 그 꼬마는 주위 사람들에게 이렇게 말했다. "나는 커서 세계에서 가장 멋진 근육을 가진 사람이 되어 미스터 올림피아 대회에서 1위를 할 거예요." 그러나 그의 말에 귀를 기울이는 사람은 아무도 없었다. 도저히 그 꼬마의 비쩍 마른 몸매와 우락부락한 근육을 가진 사람을 연관지어서 생각할 수 없었기 때문이다.

그러나 그는 그 꿈을 멋지게 이루어냈다. 그가 바로 아놀드 슈워제네거다. 그는 〈터미네이터〉란 영화에서 멋진 근육질 몸매를 자랑하며 영화배우로 성공을 거두었고, 이후 미국의 캘리포니아 주지사가 되어 돈과 명예를 한꺼번에 움켜쥔 대표적인 사람이 되었다.

또 한때 무명배우로 보잘것없는 출연료를 받으며 하루하루를 근근이 버티던 짐 캐리는 밤마다 산에 올라가서 할리우드를 내려다보며 "나는 반드시 1,000만 달러를 받는 배우가 될 거다!" 하고 큰 소리로 꿈을 외쳤다고 한다. 그 또한 어김없이 꿈을 이루었는데, 그의 대표작이자 출세작인 〈마스크〉란 영화를 통해서였다.

이들은 자신이 처해 있던 환경에 굴복하지 않았다. 말라깽이를 극복하고, 단돈 몇 만 원을 받던 무명배우를 이겨낸 것은 오로지 꿈이 있었기 때문이다. 그 꿈이 보잘것없는 환경을 극복할 수 있는 힘을 주었다.

꿈은 바로 성공을 만들어내는 핵심 부품과 같다. 부모라면 아이들에게 꿈을 갖게 하고, 그 꿈으로 미래에 도전하게 해야 한다. 부모로서 아이가 부자가 되고 성공하길 바란다면 반드시 아이의 꿈을 확인해봐야 한다.

꿈이 아이의 마음에 얼마나 확고하게 자리 잡고 있는지 확인하는 것이야말로 아이를 성공으로 이끄는 출발점이라는 것을 명심해야 한다.

④ 꿈은 생각을 지배한다

이면우 박사는 꿈을 이렇게 설명한다.

"꿈이란 듣는 사람의 가슴을 울렁거리게 하고, 신바람이 나게 하고, 어서 그날이 왔으면 하고 조바심 나게 하고, 힘이 솟아나게 하고, 힘든 과정의 고통을 극복하는 자극제가 되게 하는 것이어야 한다. 3초 이내에 자신의 속에 있는 비전을 생각해낼 수 없다면 그 사람은 '황포돛대'와 같다."

3초 안에 자신의 꿈을 말할 수 있어야 한다. 그렇지 못하면 꿈이 없는 사람이다. 그런데 3초는 굉장히 짧은 시간이다. 정말로 짧은 시간일까? 아니 어쩌면 무척 긴 시간일 수도 있다.

꿈이 있는 사람은 그 꿈에 24시간 몰입하고 있다는 특징이 있다. 늘 자신이 이루어야 할 목표를 생각한다. 언제나 자신의 꿈이 이루어진 멋진 모습을 상상한다.

또 항상 자신의 생각을 실천하고 발전시킬 궁리를 하고 있다. 자신의 꿈을 실천하기 위해 누구를 만나 도움을 받아야 하는지, 무엇이 보완되어야 하는지 그리고 어떻게 진행시켜야 하는지를 끊임없이 생각한다.

이런 사람에게 "당신의 꿈이 무엇입니까?" 하고 묻는다면 그는 기다렸다는 듯이 0.5초 안에 대답할 것이다. 하지만 꿈이 없는 사람에게 같은 질문을 한다면 3초가 아니라 세 시간을 주어도 결코 긴 시간이 아닐 것이다.

세계의 대통령 반기문 UN 사무총장은 어렸을 때 루즈벨트 대통령을 만난 자리에서 "네 꿈이 무엇이냐?"는 질문에 서슴없이 "외교관이 되는 것입니다."라고 대답했다고 한다.

아이는 3초 안에 말할 수 있는 꿈을 가지고 있어야 한다. 그 꿈이 없다면 아이는 바람에 흔들리는 황포돛배와 같은 삶을 살게 된다.

> ·황포돛대 이론
>
> 목적 없이 이리저리 떠돌며 바람 부는 대로 나부끼는 황포돛처럼 꿈이 없는 사람은 인생을 허비하게 된다는 이론.

⑤ 꿈은 행복을 목적으로 한다

그러면 아이의 꿈은 무엇을 목표로 해야 할까? 원하는 것이 무엇이든지 공통적인 가치는 바로 꿈꾸는 자의 행복에 맞춰져야 한다. 무엇을 하고 무엇이 되기를 원하든 그것을 통해 행복해져야 한다는 것이다.

꿈의 목적은 '행복'이어야 한다. 흔히 말하는 금전적인 성공은 행복을 가져다주는 가능성을 높일 뿐 장담하지는 못한다. 돈이 많다고 다 행복한 것은 아니다. 오히려 돈이 많은 사람보다 적은 사람이 행복하게 사는 것을 자주 보게 된다. 부자만을 성공의 목표로 삼는다면 오히려 더 불행해지는 결과를 가져올 수도 있다.

미국에서 수천만 달러에 달하는 거액의 복권에 당첨되어 벼락부자가 되었다는 기사를 가끔 본다. 당첨자의 흥분한 모습에 우리는 부러움과 질투를 보낸다. 그러나 수년 후 모든 재산을 잃고 오히려 많은 빚을 지게 되었다는 그에 대한 소식을 다시 듣는다.

왜 그렇게 된 것일까? 그 많은 돈을 얻고도 어떻게 이전보다 더 불행해진 것일까?

바로 돈 외에는 꿈이 없었기 때문이다. 돈은 갖게 되었지만 '삶을 어떻게 살겠다.'는 행복에 대한 구체적인 목표가 없었기에 바닷가의 모래성처럼 순식간에 무너진 것이다.

그는 갑자기 생긴 수많은 돈을 어떻게 처리할지 몰라 쾌락을 좇아 방탕한 생활로 자연스럽게 흘러 들어갔다. 아무리 써도 줄어들 것 같지 않은 돈은 어느새 바닥이 나고 끝내 빚까지 지며 인생의 종착점에 도달하고 말았다.

우리 아이들 마음속에 행복을 추구하는 꿈이 있는지 한번 확인해보자. 꿈이 확실하다면 성공 뒤에 숨어 있는 행복을 찾아내어 그것을 자기 것으로 만들어줄 것이다. 이것이 꿈의 용도다.

⑥ 금융 교육의 가치를 높여주는 꿈

꿈은 아이들의 금융 교육에도 많은 영향을 미친다. 세상에는 '돈만 많은 사람'이 있고 '돈도 많은 사람'이 있다.

돈만 많은 부자는 삶의 모든 가치를 돈에만 한정한다. 그 돈은 자신의 즐거움을 채우고 욕망을 만족시키는 가장 중요한 수단이다. 그러나 그뿐이다. 자신의 쾌락을 위해 쓰이고, 하고 싶은 것을 어려움 없이 하게 하는 것, 그것이 바로 돈만 많은 사람의 돈이다. 돈만 많은 사람은 또 사회로부터 부를 얻었지만 사회와 소통하지 못하고 오직 자신의 삶에만 관심 갖는 사람이다.

그리고 돈도 많은 사람이 있다. 돈도 많은 사람은 그 돈을 어떻게 사용해야 하는지 알고 있는 사람이다. 주위의 어려운 사람들을 돌아보고 자신의 부를 무엇을 위해 사용해야 할지 기준을 가지고 있는 사람이다.

수십억 원의 돈을 사회에 기부한 사람이 이렇게 말했다. "버는 것은 기술이고 쓰는 것은 예술이다." 이 말은 버는 것은 철학을 요구하지 않지만 쓰는 것에는 그 소유주의 가치관이 담겨 있다는 뜻일 것이다. 돈의 가치를 결정하는 것은 그 사람의 꿈이며 철학인 것이다.

참으로 지당한 말이다. 컴퓨터의 황제 빌 게이츠나 김장훈 그리고 척 피니 등 돈도 많은 사람들은 그만큼의 정신적 가치 즉 꿈을 소유한 사람들이다.

우리 아이들은 돈도 많은 사람이 되어야 한다. 돈만 많은 사람은 그 돈의 진정한 가치를 깨닫지 못한 사람이다. 우리나라의 한 펀드투자 회사의 대표 박현주 씨는 "돈은 아름다운 꽃이다."라고 표현한다. 돈이 아름다운 꽃이 되기 위해서는 그에 맞는 아름다운 가치와 연결되어야 한다. 그것이 꿈이다. 경제적 성공을 꿈꾸는 모든 아이는 반드시 아름다운 꿈을 가져야 한다.

⑦ 부모의 꿈

자녀의 꿈뿐만 아니라 부모로서 자신의 꿈도 어떤지 살펴봐야 한다. 자녀에게 "너는 큰 꿈을 꾸어라." "너만은 성공해라."라고 말한다고 해서 부모로서의 역할이 끝난 것은 아니다.

부모는 자녀의 꿈을 이해하고 그 꿈을 관리하는 방법을 제시해줄 수 있어야 한다. 꿈을 가지고 있다고 해서 다 이루어지는 것은 아니다. 꿈은 반드시 그에 상응하는 고통을 동반한다. 그 고통을 극복할 수 있어야 꿈은 성공으로 인도해줄 것이다.

부모도 꿈을 가지고 있어야 한다. 어떠한 역경도 이겨낼 수 있도록 자녀에게 힘을 주고 용기를 줄 수 있는 힘은 바로 꿈을 이해하는 힘에서 발현된다.

그러나 부모의 꿈은 자녀의 그것과 성격이 조금 달라야 한다.

자녀의 꿈은 자신이 되고 싶은 것, 하고 싶은 것을 꿈으로 삼을 수 있지만 부모로서 가져야 할 꿈은 자녀의 성공을 어떻게 담아낼 것인가 하는 측면에서 만들어져야 한다.

즉, 자녀가 성공해서 많은 재물과 명예를 얻었다면 그것을 어떻게 사용하고 다루어야 하는지, 그 방향을 정해주는 것이 부모의 꿈이 되어야 한다.

그러면 어떤 것이 자녀의 꿈과 성공에 가장 부합하는 부모의 아름다운 꿈이 될 수 있을까?

바로 명문가를 꿈꾸는 것이다. 명문가란 스스로의 자존감과 가족의 만족도를 높여주는 행복의 최고점에 있는 가치라고 할 수 있다. 명문가는 단순히 돈이 많다고 이룰 수 있는 것이 아니다. 돈이 많다고 모든 사람이 명문가가 된다면 우리 사회는 미래가 별로 밝지 않을 것이다.

명문가의 가치는 정신적인 만족을 추구하는 고결함에 있다. 명문가는 '사회에 또는 다른 사람들에게 좋은 영향력을 미치는 가계'를 말한다.

명문가는 도덕적 양심을 지켜가며 아름다운 영향력을 행사하는 가문이다. 헐벗은 사람들을 도와주고 약한 자들을 보호하며 사회와 아름답게 소통하는 가계, 나아가 국가의 이익을 위해 노력하는 사람들이 명문가를 이룰 수 있는 자격이 있다.

자녀의 성공은 가계를 일으키고 금전적인 만족을 가져온다. 그리고 명문가는 그 성공을 통해 정신적인 만족을 추구할 수 있도록 방향을 제시해줄 수 있다. 어려서부터 명문가에서 자라게 되면 그 아이가 크게 성공하든 그렇지 않든 아름다운 삶을 살아갈 수 있는 방법을 알게 된다.

명문가는 단시일 내에 이루어지지도 않고 지속적으로 유지하기도 쉽지 않다. 하지만 명문가로서 느끼는 사회적 역할에 대한 만족감은 부모나 자녀에게 그 어떤 것보다 클 것이다. 명문가가 자녀의 성공을 완성하는 마지막 꼭짓점에 있는 이유가 여기에 있다.

부모가 명문가를 가꾸어 나가야 하는 또 다른 이유는 우리들의 자녀가 명문가 정신을 통해 그들의 자녀에게 성공의 결과물을 누수 없이 전달하여 성공을 대물림할 수 있기 때문이다.

성공한 부모의 재산을 물려받아도 약 30%는 그것을 유지하고 더 발전시키는 데 실패한다고 한다. 명문가는 이 실패를 차단시켜 줄 뿐만 아니라 성공을 확대시켜 줄 것이다. 명문가는 자녀로 하여금 정신적 가치 기준을 어디에 두어야 하는지, 또 그것을 어떻게 사용해야 하는지 인도해줄 것이다.

따라서 자녀의 성공을 바라는 부모는 명문가를 꿈꾸어야 한다. 명문가는 성공의 가장 최상위 가치이고, 자녀들이 스스로 만족할 수 있는 소중한 것이고, 대를 이어 자손들에게 물려줄 수 있는 가장 값진 성공의 기준이 될 것이다. 명문가는 성공을 사용하는 방법을 알려줄 것이다.

Key point

꿈 세우기

· 잘하는 것을 기록하라.
· 좋아하는 것을 발견하라.
· 하고 싶은 것을 정하라.
· 그리고 도전하라!

학창시절 친구 관계는 미래의 자산

인생의 성공은 청소년 시기 친구와의 관계에서 시작된다고도 할 수 있다. 청소년 시기는 인생의 그 어느 시기보다 인맥 형성을 위한 좋은 시간이다. 인맥은 친구로부터 출발할 때 그 가치가 더욱 빛난다. 이해득실 없이 우정이라는 이름으로 만날 수 있기 때문이다.

사회에서는 여러 가지 이익을 목적으로 만나는 경우가 대부분이다. 때로는 만나기 싫어도 만나야 하고, 만나고 싶어도 그렇지 못한 경우도 있다.

학창시절은 그러한 모든 것을 뛰어넘어 사람을 사람으로 순수하게 만날 수 있다는 데 장점이 있다. 청소년 시기의 친구관계는 사회생활의 연장으로 이어지고 서로에게 많은 영향을 미치는 관계로 발전한다.

한 일간지에 따르면 '어떤 학생이 되고 싶으냐?'는 질문에 우리나라 청소년은 67%가 '공부를 잘하는 학생이 되고 싶다.'고 답했다고 한다. 반면 일본 청소년들은 응답자의 가장 많은 48.4%가 '친구들이 좋아하는 학생이 되고 싶다.'고 대답했다고 한다.

우리나라 청소년들은 학년이 올라갈수록 사귀는 친구 수는 점점 줄어들고 장래 희망은 원하는 대학에 들어가는 것, 그래서 좋은 친구로서 인정받는 것보다 우등생이 되기를 바라고 있다는 것을 알 수 있다.

어떻게 보면 학업에 열중하고자 하는 모습으로 판단될 수도 있다. 그러나 한편으로는 우리 사회에서는 관계를 축소하더라도 대학을 나와야 제대로 대접받을 수 있다는 사회적 환경의 반영이라고도 풀이할 수 있다.

우리나라 청소년들은 학년이 올라갈수록 친구 관계의 형성이나 그 중요성에 대해서는 신경 쓸 여유가 없다. 학업 성적이, 대학이 우선인 현실은 친구 관계가 곧 사회성의 시작이라는 것을 인식할 환경이 되지 못하기 때문이다.

이러한 환경을 이해하고 청소년들이 친구를 만드는 것에 관심을 가져야 올바른 관계 형성을 도울 수 있다. 성공한 사람들을 보면 그 누구도 인맥을 소홀히 하지 않았다. 인맥은 성공의 중요한 요소다.

이와 같은 원칙은 우리 자녀에게도 동일하게 적용되어 성공에 많은 영향을 줄 것이다. 그리고 그 가치를 일깨워주는 것은 부모의 역할이다.

부모와 자녀의 농도 짙은 관계

청소년 시기에 성공해야 하는 관계의 영역에는 두 가지가 있다. 앞에서 살펴본 바와 같이 친구 관계가 그 하나이고, 두 번째는 부모와의 관계다.

따뜻한 가정에서 자란 청소년들은 생각이 자유롭고 남을 배려하는 관계성에서도 탁월한 편이다. 볼 수는 없지만 이러한 성향은 성공을 위한 중요한 요인이 된다.

그런데 우리 사회에는 지금 가족이 없다. 가정이 있을 뿐이다. 학교를 파하고 마지못해 들어가야 하는 곳, 직장을 마치고 발길 닿는 대로 가는 곳이 바로 현재의 가정이다. 대화와 격려와 사랑을 나누는 가족은 없고 단지 내일을 준비하는 곳, 잠자리가 있을 뿐이다.

수능이 끝나고 나면 안타깝게도 자살로 생을 마감하는 청소년들이 꼭 있다. 그 이유가 언론의 보도처럼 단순히 시험 성적이 나빠서 였을까?

그렇지 않다. 부모가 자녀의 낮은 점수에 만족하지 못하기 때문이다. 만약 부모가 자녀를 진심으로 격려하고 위로한다면 그래도 그 자녀가 극단적인 선택을 했을까?

공부를 잘하는 아이의 공통된 특징은 무엇일까? 하나같이 동일한 것은 부모와의 관계에서 성공한 아이들이라는 점이다. 부모로부터 사랑받고 신뢰받는 아이는 그 힘을 바탕으로 자신감을 갖고 긍정적으로 바뀐다. 긍정은 발전된 결과를 만들고 이것은 성공으로 나아가는 길잡이가 된다.

우리나라 청소년들은 부모와 대화를 나누는 시간이 하루에 5분이 채 되지 않는다고 한다. 이 시간은 아무리 부모와 자식 사이라 해도 사랑을 나누고 부모에 대한 존경심이나 자녀에 대한 격정을 전하기에는 턱없이 부족하다.

특히 우리나라 청소년들은 대학생이 되면 부모와의 관계가 더욱 단절된다. 개인적인 생활에 바쁘고 부모로부터 정보와 위로를 받기에는 자신이 다 컸다고 판단한다. 부모의 말은 이미 잔소리가 되어서 귓등에 대고 소리치는 것에 불과하다.

그런데 가만히 생각해보면 중고등학생 시절부터 이러한 관계의 징후는 나타나고 있었다.

좋은 대학에 가는 것만을 목적으로 공부하는 시기에 감성적인 대화나 생각을 발전시키는 생산적인 대화가 부모와 자녀 간에 충분히 이루어질 수 없었을 것이다.

부모와 대화나 생각을 나누는 훈련이 되어 있지 않은 청소년은 대부분의 정보나 가치를 학교와 친구에게서 습득하고 정립한다. 정부 자료에서도 알 수 있듯 청소년이 고민 상담을 하는 사람의 57%가 친구나 동료라고 한다. 부모와 상의하는 비율은 고작 18%에 불과하다.

이렇게 성인으로 성장한 자녀에게 부모는 단지 경제적인 지원자에 불과할 뿐이다.

부모는 자녀의 아름다운 인맥이 되어주어야 한다. 아름다운 인맥이란 능력과 성실함을 펼칠 수 있게 도와주는 관계다. 부모 외에 그 누구도 이 역할에 충실할 수 있는 사람은 없다. 부모와의 농도 짙은 관계는 청소년에게 자신감을 불러일으키며 심리적 안정감을 심어주기에 충분하다.

부모와의 사랑스런 관계는 청소년의 경쟁력이 된다. 청소년의 꿈과 비전은 가정과 가족, 부모에게서 출발한다. 자녀의 성공을 원한다면 부모로서 자녀의 확실한 인맥이 되어주어야 한다. 청소년 시기에 이루어지는 자녀와의 아름다운 교류와 대화는 자녀의 삶을 성공으로 이끌어주는 확실한 지원군이 될 것이다.

명품 인생
진품 인생

· 명품은 이름값이지만 진품은 진실 값이다.

· 명품은 부자가 알아보고 진품은 친구가 알아본다.

· 명품은 외모에 걸치지만 진품은 인격의 옷이다.

· 명품은 돈으로 사지만 진품은 진실이 가격이다.

· 명품은 백화점에서 사고 진품은 노력으로 사야 한다.

· 명품은 짝퉁이 판을 쳐도 진품은 정품 하나밖에 없다.

· 명품은 눈을 멀게 하지만 진품은 눈을 빛나게 한다.

· 명품은 아무리 많이 사도 옷장을 다 채울 수 없지만 진품은
한 벌이면 족하다.

· 명품은 사치품이지만 진품은 가치품이다.

부자의 싹을 튼튼하게 키워주는 꿈

이 책의 말미에서 나는 아이가 꿈을 가질 것을 독려하며 인성 교육을 강조하고 있다. 언뜻 보면 금융 교육과 꿈이라는 것이 어울리지 않는 주제 같지만 사실 가장 보완적인 관계다.

나는 부모들을 상대로 또는 청소년들을 대상으로 강연을 할 때가 있다. 그럴 때면 청소년들에게 항상 질문하는 것이 있는데 그것은 어떤 꿈을 가지고 있느냐다.

재미있는 것은 요즘 아이들은 대부분 꿈이 없다는 것이다. 풍요로운 세상에 원하는 것을 가지는 데 부족함이 없으니 꿈이 왜 필요한지 깨닫지 못한다. 기껏 꿈이라고 해봐야 어느 대학에 가겠다와 같이 대학의 종류가 꿈일 정도다.

부모는 어떨까? 부모는 모든 가치가 자녀 교육에 집중되어 있어서 역시 자녀를 좋은 대학에 보내는 것이 부모의 가장 큰 역할로 인식한다.

꿈은 '어느 대학을 가겠다.'거나 '어떤 것이 되겠다.'가 아니다. 꿈은 '무엇을 하겠다.'가 목적이다. 물론 '되겠다.'가 '하겠다.'를 위한 수단임을 인지한다면 문제가 없지만 그것이 아니라면 꿈은 잘못 이해되고 있다고 봐야 한다.

'무엇이 되겠다.'를 목적으로 살아온 사람들이, 물론 다는 아니지만, 사회에서 해악을 끼치는 경우는 수도 없이 많다. 이름 있는 정치가조차 자신의 지위를 이용해 사리사욕을 채우고 유명 기업의 대표가 이익을 내겠다는 욕심에 법을 위반하는 경우 역시 부지기수로 널려 있는 것이 요즘 세상이다.

이 모든 것이 '제일 큰 부자가 되겠다.' '제일 큰 회사로 만들겠다.'와 같은 일종의 지위에 목적이 함몰되어 있기 때문이다. 지위는 가치를 생산하지 못한다. 자기만족일 뿐이다. 중요한 것은 그 지위가 무언가 의미 있는 역할로 이어질 수 있어야 가치는 만들어진다. 꿈이 빠져 있다는 얘기다.

때문에 '무엇을 하겠다.'에 목적을 두는 사람들의 꿈은 그 가치가 아름답게 빛을 발한다. '일생 동안 모은 돈을 나보다 더 어려운 사람들을 위해 사용하겠다.' '교수가 되어 후학을 가르치는 데 나를 바치겠다.' 이와 같은 꿈은 사회를 이롭게 하는 데 사용될 것이 틀림없다.

우리 아이들이 돈을 얻는 방법을 배우고 그 방법으로 큰 부자가 되어 사회에서 이름이 알려진다면 그 이후에는 또 다른 시험이 기다리고 있다. 그 부와 명예 그리고 지위를 어떻게 사용할 것이냐는 문제다.

그러나 그 단계에 이르러서는 부모가 더 이상 자녀를 가르칠 수 없다. 모든 것은 그동안 부모로부터 배워온 것, 지성 그리고 도덕심이 그 부를 사용하는 방법을 결정하게 된다.

용돈 교육, 금융 교육 이러한 것들이 자녀의 성공에 정말 중요한 것이지만 이것만으로는 성공적인 자녀의 미래를 그려낼 수 없다. 기대하는 것에 대한 열정을 불러일으키는 것은 물론이고 성취한 부를 올바르게 사용할 수 있는 길을 가르쳐주는 것 역시 청소년 시기에 설정되어야 할 좌표와 같다. 그것이 바로 꿈이고 비전이다.

앞에서도 언급했듯이 기술적인 교육만으로는 자녀를 성공한 사람으로 완성시킬 수 없다. 자칫 돈만 아는 아이, 나눌 줄 모르는 아이로 성장할 가능성이 있기 때문이다. 시각적이고 즉흥적인 감각에 일상적으로 노출되어 있는 우리 아이들에게 꿈은 그

가슴을 뜨겁게 하고 감성을 실천하게 하는 가장 중요한 금융 교육의 한 영역이다.

부모라면 반드시 자녀에게 꿈을 심어주고, 자녀가 가진 꿈을 격려해주어야 한다. 꿈은 목적에 도달하는 가장 빠른 지름길을 알려주고, 금융 교육이든 인성 교육이든 자녀에게 전달되는 모든 지식과 감성이 제 기능을 발휘할 수 있도록 훌륭한 자양분 역할을 할 것이다.

2012년 부자의 싹이 트는 계절에

이 성 준

금융 교육 부자 교육

우리 아이
부자의 싹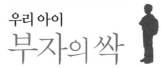

1판 1쇄 인쇄 2012년 5월 21일
1판 1쇄 발행 2012년 5월 25일

지은이 | 이성준
펴낸이 | 김대환
펴낸곳 | 도서출판 잇북

책임편집 | 김랑
책임디자인 | 한나영
인쇄 | 대덕문화사

주소 | (413-736) 경기도 파주시 와석순환로 347
전화 | 031)948-4284
팩스 | 031)947-4285
이메일 | itbook1@gmail.com
블로그 | http://blog.naver.com/ousama99
등록 | 2008.2.26 제406-2008-000012호

ⓒ 이성준 2012

ISBN 978-89-968422-1-7 03320

* 값은 뒤표지에 있습니다. 잘못 만든 책은 교환해드립니다.

이 도서의 국립중앙도서관 출판시도서목록(CIP)은 e-CIP홈페이지(http://www.nl.go.kr/ecip)와 국
가자료공동목록시스템(http://www.nl.go.kr/kolisnet)에서 이용하실 수 있습니다.
(CIP제어번호: CIP2012002227)